JN418698

하늘집 사랑채

국립중앙도서관 출판예정도서목록(CIP)

하늘집 사랑채 / 지은이 : 김창운, 이 헌. — 서울 : 한누리미디어, 2018

p. ; cm

ISBN 978-89-7969-767-4 03810 : ₩12000

한국 현대 문학[韓國現代文學]

810.81-KDC6
895.708-DDC23 CIP2017034467

김창운·이 헌 공동문집

하늘집 사랑채

김창운·이 헌

한누리미디어

책을 내며…

우정, 그 아름다운 인연

정유년, 가을이 잘도 여물었다.

하늘은 높고, 파랗고, 건넛산은 붉게 물들었다.

한 해의 끝자락에 우리가 하고자 했고 해야 할 일을 이제야 마무리 했다. 비록 잘 다듬어지지 못한 글들이지만 20여 년을 다지고 쌓아온 우정을 담아보고자 오래전 생각했던 일이다. 400여 년 전 호란胡亂때 나주에서 분연히 창의倡義한 시서공市西公 김선金璇, 반계공磻溪公 이선즙李先葺 두 분 할아버지께서 시공時空을 초월하여 그 끈을 이어주신 후손後孫의 인연은 너무나 소중하였다.

그래서일까, 누가 먼저라고 할 것 없이 우리 두 사람의 인연에 우정을 더해 책으로 묶어보고 싶은 생각을 갖게 되었다. 나름대로 열熱과 성誠을 다했지만, 많이 모자라서 조금은 부끄러워도 세상에 내보이고 싶은 마음이 앞서 감히 용기를 내어보았다. 교직과 공직, 서로 다른 길을 걸어왔지만 많은 생각을 공유한 우리 둘의 인연과 글을 써보고 싶다는 간절한 마음을 담아 이제 그 자그마한 결실을 보게 되었다. 아쉬움은 많지만 졸작을 내보인 보람과 기쁨을 오래도록 간직하고 싶다. 지금 이 순간은 참으로 즐겁고 그리고 행복하다.

아직도 많이 남아있는 우리의 삶에 대한 깊이를 더하고, 또한 소소한 이야기들도 남길 수 있었으면 하는 작은 바람을 가져본다.

우리가 이 책을 내기까지 격려를 보내주신 여러 선후배, 동료 문우와 애정을 가지고 지켜봐주신 많은 분들께 머리 숙여 감사드린다.

늘 담담한 마음으로 멀리 보고자 한다,

2017년 첫눈 내리는 날…

金昌運, 李 憲

시

하늘집 사랑채 김창운

제1부 인연

제2부 복락福樂의 노래

시조

제1부 오후의 산책

제2부 우리 사는 세상

수필

하늘집 사랑채

김 창 운

이 헌

시

김 창 운

화살 바람

세월에 몸을 담그고
쉬잉 바람같이 날아가는 화살 바람
소리만 들었지
그 어디에 떨어졌을까 짐작도 안 된다.

아름드리 당산나무 끝 가지에
뭉게구름 매달리고
화살 바람이 쉬어가는구나.
멈춰선 정적에 나를 엮어 띄워 보낸다.

그리움

청산에
자작나무 흰 테가 너울집니다.
눈망울 초롱초롱한 아이가
아장아장 넘어질 듯 걸어가고 있습니다.
아이의 손을 잡고 긴 길을 가고 싶습니다.

창공에
하얀 뭉게구름이 지나갑니다.
대나무 가지에 걸치는 바람 소리
그리운 만남의 설렘으로 귀 기울입니다.
함께한 그날이 심장박동에 매달립니다.

벽파碧波

바다는 오늘도 말이 없습니다.

사랑을 자비를 말할 자격이 없는
무기력과 방관이었습니다.

파도 회오리가 그들을 부르지 않았습니다.
있었던 바다였습니다.
벽파의 자연이었습니다.
그런데 그들은 갔습니다.
머나먼 곳으로 갔습니다.

왜냐고 무엇 때문이라는 이유는 파묻혔습니다.
아우성만 있습니다.
벽파와 등대의 무심만 탓하고 있습니다.

304명의 영혼들에게
인연도 구원도 무언해야 합니다.
그저 고개 숙여야 합니다.

오늘도 유유히 벽파는 흐릅니다.
무심히 아닙니다.
말이 없을 뿐입니다.

허상虛像

바람이 지나가고 구름이 흘러갑니다.
그리고
인연을 만들어갑니다.

억겁의 인연이 지나갔습니다.
그리고
오늘도 생령生靈을 만납니다.

하늘이 땅이 움직입니다.
그리고
내가 여기 있습니다.

역전驛前

민들레가 다소곳이
따사로움을 안겼고
수국이 웃음 주어
순백의 사랑을 주었다.

코스모스가 청초하여
이별의 아픔을 주었고
나목이 봄을 기다리며
원색의 입술을 적셨다.

반백 년의 친구여!

순백의 몸짓으로 기상을 감싸 안았지
눈 내리는 훤한 가슴으로 뭇 사연 안고
푸른 숨결 치켜세우는 청춘이었다.

그날도 지금도 한강은 흐른다.
물수제비뜨던 용들!
청운교 세우며 힘찬 날갯짓으로 너울너울 흘렀다

2017년 4월 25일
반백 년의 우정이 여기 내려앉았다.
늘 청춘의 기상인 줄 알았는데
밤중 지붕에 된서리 내렸구나.

꽃피고 잎지는 한 시절 오가는데
너와 내가 우리 되어
한강의 앞섶 헤치며 백 년의 학춤
너울너울 춤추지 않으련가.

삶

백옥보다 하얀 순백의 송이꽃
감춘 사연이 깊어
한 움큼 쥔 손바닥을 멍울로
물들인다.

솜털보다 목화보다 하이얀 송이꽃
숨긴 삶이 어지러워
맑고 밝고 훈훈한 바람
먹구름으로 밀려온다.

연정戀情

옷소매 사이로 파고드는 엄동설한 찬바람이
내 연인의 이별보다는 춥지 않다.
따사로움 기다리며 찬 이슬 머금은 꽃

정이월 대나무 튀는 세찬 바람보다는
내가 잊지 못하는 기다림
겨드랑 사이로 파고드는 서글픈 그리움을
떠나보내고 싶지 않다.

나를 던져 그대의 모든 전부를 내 육신에
적셔놓으리라.
내가 할 수 있는 사랑을 하얀 머리에 찾아 그린다.

여명黎明

어둠을 뚫고 달아오르는 햇살
고덕산과 아차산 협곡 사이로
속살을 드러내놓은 아리수
태초에 눈을 뜬 태양에 빛난다.

반만년의 숨결이 서린
암사동 선사 주거지
아리수 그림자 드리워진 야경夜景
빗살무늬토기의 잦아든 숨소리 고요하다.

정갈한 자태를 드러낸
저 일자산
아리수 역사를 보듬어 안고
온몸으로 받쳐준 맥박이 뛴다.

아파트 숲으로 묻어버린
옛 조상들의 자취
그 흔적, 그 숨소리
해 뜨는 강동에 여명黎明이 온다.

친구의 고희古稀에

비바람 치는 날에도
눈보라 매서운 날에도
태양을 기리며 여기 왔으리.

구름 덮은 밤에도
칠흑 같은 어둠에도
밝음으로 삶을 기약했으리.

타들어가는 시련도
밀려오는 아픔도
온몸과 온 마음으로 삭였으리.

이젠 꽃을 보면 행복으로 심고
이젠 그늘을 보면 쉼으로 터를 잡아
모두와 벗하며 즐기소서.

해가 떠오를 때도
달이 중천에 걸릴 때도
늘 은혜와 행복으로 살게 하소서.

암사동 석양

암사동 석양에 길을 멈춘다.
한강이 노을에 찬란한 빛을 발하는구나.
끈을 이어 시간의 매듭을 풀어보려는데
예지와 슬기를 가늠할 수 없구나.

한강의 짧은 해는 이미 서쪽에 감춘다.
즐비한 가로등은 석양을 덮는구나.
달빛 희미한 자취는 모닥불 움집의 숨소리 차갑고
육천 년의 속살을 드러내는 움집이 따사롭구나.

멀고 가까운 산과 물이 어둠으로 숨긴다.
빗살무늬토기에서 육천 년의 숨결이 들리는구나.
멀고 가까운 물줄기와 산은 점점 아득해지고
몰래 온 나그네의 마음 애닯구나.

기적汽笛

뚜— 길게 토해낸 기적 소리
토방에 멈춥니다.
사랑이 흘러갔고 미움이 지나간
생채기 나목이 행복해 보입니다.

칙칙폭폭 칙칙폭폭 가슴 뛰는 소리
여름의 장미를 품어봅니다.

청초한 코스모스 이슬 머금고
사랑이 피었던 곳
아파트 숲을 이루었습니다.
뚜— 하는 기적 소리 철마가 없어
내 갈 곳이 없습니다.

용문사 은행나무

한 품은 신라 왕자 천년의 인고忍苦였고
고승의 수행길에 지팡이 무거웠네.
긴 세월 용틀임하며 그 생명 지켰구나.

산행길 오가는 손 이정표 숨돌리고
천년의 이야기에 풍상을 추스르는데
천왕목 고매한 자태 그 향기 품었구나.

아름드리 청산에 영원하고 창공을 넘나들며
진토된 넋들이 오늘에 한 풀진대
긴 역사 뒤안길에 그 자취 남겼구나.

위선

성인보다 더 성인인 사람들
선생님보다 더 선생님인 사람들
성직자보다 더 성직자인 사람들
욕망과 시기와 질투로 일그러진 얼굴들
탁류를 만들어내는 사시 눈과 얇은 입술

망향望鄕

강줄기 위로 은빛 찬란한 햇조각
어머니의 포근한 젖무덤

상상의 나래 펴
길게 한숨 쉬며 안개 자욱한
산자락 초가집

돌고 돌아 웅크린 몸
마을 어귀
솔가지 진한 매캐한 연기 내음

구수한 군고구마
군불 연기 타고 살찌우는 후각嗅覺

땅거미 짙게 드리운 대나무 사이 울타리
피어나는 호롱불꽃
아랫목 할머니 화롯불 따사로움

실개천 둑에서 달리기하던
개구쟁이
인적 없고 가이 없는 산하

수없이 지나친 비바람
벼랑 끝 망향의 인기척

전추동*을 노래함

대나무 울타리 소솔 바람에 윙윙거리고
앞산 뒷산 칸막이 되어
너울 잎새 사이로 영근 벼이삭 출렁인다.
흰 뭉게구름 그림자가 돛단배 되어 지나간다.

안창리 전추동 677번지
흔적 없어진 대나무숲, 앞뒤 텃밭
인적도 없고 변해버린 무심한 산하여!
주인이 나그네 되어 세월을 탓하는구나.

* 전추동 : 전남 나주시에 있는 필자의 고향 마을

후조候鳥

무상無常이 지나친 비바람
벼랑 끝 고향의 인기척
나 여기 세월 노래 부르노라.

한 마리 작은 겨울 철새
애절한 더부살이 사연
나 여기 흔적 더듬어 서 있노라.

고향

눈을 감는다.
휘어감은 산자락
애상哀傷의 그리움

강줄기
찬란한 은빛 햇조각
어머니의 포근한 따사로움

무상無常

구진포 나루에서 서성거리다
허기진 배를 구수한 장어구이로 채우며
지난날의 꿈을 이야기하리다.

간간이 울어대는 소쩍새 우는 산 중턱에는
조상의 산소가 잠들어 있고
쉬어가는 바람이 무덤의 잔디를 설레게 한다.

사시사철 대나무, 감나무로 우거진 마을
새집 사람으로 채워져 사람의 손이 차갑다.
늙은 할머니는 이제 시간이 멈추었다.

고향 이야기

동네 어귀 다리 건너는 사람 반갑다.
친절한 눈빛이 낯선 객을 맞아준다.
흙 풀리는 소리에 삽 들고 나서는 사람들
징검다리 세월 흔적 더벅머리 아련하다.

긴 기차는 온기 있는 방 홍어집에 들러
다정하고 따사로운 이야기를 한다.
코끝이 벌름거리는 홍어의 삭힌 맛에
기차가 떠나며 긴 세월을 이야기한다.

이별

추위에 몸 움츠리고
찾아올 님에게
긴 목 쳐들고 화려한 자태 내밀었는데
잔바람 질투에 한낱 짧은 허망이어라.

생머리 바람에 날려
가슴에 안기는 환희를
선명히 찬란한 나날들을 여리게 안았는데
아침이슬 햇살에 사그라진 그리움이어라.

세월

기계독 머리에 군데군데 운동장 만들고
날름거리는 코는 발등을 찧을 것 같은 기세인데
개구쟁이 빗속 재잘거리며 누런 이빨 내민다.

검은 교복 하얀 카라가 목둘레 청결하고
노란 단추가 줄지어 위아래 선명하다.
감추어진 희망에 무거운 손가방이 힘겹다.

손사래 치며 자존심 살려
뒤돌아서서 웃고 앞 보고 눈시울 붉히며
워커 신발 옮기는데 때 아닌 안개에 눈가려
돌부리에 어제 산 중고책이 널부러진다.

분홍 넥타이가 유난히 오늘따라 상쾌하다.
사랑이 있었고 청춘이 있었고 순정이 있었다.
가려진 진흙탕을 누가 감히 더럽다 할 것인가.
세월의 흔적에 때 묻지 않는 사연 있었다.

생과 사

찬란한 자색과 하이얀 자운영 꽃밭이
바다를 이루고
여치가 파란 수풀에서
메뚜기가 벼 포기에서
꽁지에 힘주어 뛰어다니고
나비가 실개천을 따라
하늘하늘 춤추며 날갯짓하고
황홀한 즐거움과 행복으로
열 살의 긴 여름나절 신음으로
방안을 메운다.

살 내음과 땀 내음
안도의 가쁜 숨을 몰아쉰다.
눈물 훔치는 수십 개의 눈을 보며
힘없는 동공이 눈물로 엷어진다.
사의 기로에 다가서는 험로에서
여치, 메뚜기, 나비가
보이지 않았을 때
생은 예견되었다.
그 찬란한 자운영 꽃밭이 보이기 시작하였다.

사모思慕

풍진 세파에 흩날리는 민들레 꽃씨
땀 냄새 배인 머릿수건 쓴 그리움에
처녀 가슴 여민 옷깃에 내려앉아
이제라도 고이 간직한 정념을 태우리다.

평상의 모깃불은 밤 깊은 줄 알아 잦아들고
은하의 별빛은 강이 되어 쏟아지는데
옥수수 감자 익어가는 숨겨진 사랑이야기
무언 가슴앓이로 여름밤을 지새운다.

구진포*

굽이굽이 돌아 아망바위*를 거슬러 찻길 닿으면
작은 배 띄운 구진포 장어가 입맛을 말한다.
비릿한 아재*의 장어 핏줄 튕겨 익어가면
호수 되어 잔잔한 영산강에 나를 내려놓는다.

한 시절 전라도 못된 놈 되어 가난에 쭈그러들었고
농사에 한 서러움 받으며 세월의 중심에 있었다.
서울 간 자식 놈 장년 되어 빛깔 내며 찾아와
넥타이 풀어제끼고 영산강을 마시고 퍼마신다.

회오리치며 흐르던 강이 이제는 호수 되어 쉬어간다.
투박한 아짐씨* 사투리 안주삼아
희미하게 지워진 세월의 흔적을 애잔히 찾으며
잔 위에 빈병 줄줄이 세워 구진포를 그린다.

---

* 구진포 : 옛 구도로 광주 목포 간 있는 작은 포구. 삼봉 정도전 선생이 유배된 회진현 입구
* 아망바위 : 영산포구에서 2km 정도 내려오면 우뚝 솟은 언덕 바위
* 아재 : 아저씨의 전라도 사투리
* 아짐씨 : 아주머니의 전라도 사투리

내 고향 영산포 선창

잡을 수 없던 그리움에 지새던 캄캄한 밤
젓갈 냄새 포구의 억센 아낙이 나를 깨운다.
꼬챙이로 찍어 올리는 선창 아저씨의 힘줄에
넓적한 홍어가 영산강을 낚였었다.

내륙을 비추는 등대는 옛 명성을 내려놓고
숨죽이고 망연자실 불빛마저 호수에 잠들어
질척거리는 선창 뱃고동 소리 흔적 찾아
망향혼 생선소금에 간들인다.

역驛

좁힐 수 없는 두 철길
이별을 슬퍼한다.
흔드는 애절한 손수건
민들레꽃 흩날려
만남을 기약한다.

길게 내는 뚜- 기적소리
그리움을 가슴에 안는다.
이슬 머금은 청초한 코스모스
긴 사랑 이야기 머금는다.

완행열차

삶을 이야기한다.
흔드는 어머니 손
가지런한 철길 따라
기적이 다가오고
멀어진 추억 담아 이 길을 간다.

희망을 이야기한다.
비좁은 좌석 정담
향수의 감미로운 꿈을 찾는
차디찬 삶은 달걀
따사로운 어머니 품을 그린다.

인연因緣

비바람 천둥소리 여명이 깨어나면
대지가 만들어준 기운에 기도하고
억겁의 약속된 인연
세월 조각 모은다.

풀벌레 한여름 낮 울음도 잦아지면
은하가 내려진 밤 세월을 소망하고
억겁의 간절한 인연
피아彼我 분간 깨운다.

아상我想을 반조하며 흘러간 세월 낚아
간절히 기도하며 천지를 감동시켜
하늘이 내 마음 같아
만남 인연 새긴다.

망초와 할머니

꽃무리 하늘하늘
은하수 너울지고
비탈진 버려진 땅
소금에 파묻힌다.
끝이랑 백발 할머니
노을저녁 바쁘다.

망가진 이름이여
끈질긴 생명이여
나 그대 꽃 너울터
가슴에 새기리다.
할머니 주름진 이마
패인 미소 정겹다.

인연 공부

울타리 움튼 새싹 손짓해 인연 찾고
선한 이 논밭 갈며 빈 마음 챙겨 산다.
산허리 찬란한 광배光背
꽃물 들어 부시다.

동정간 일심 닦아 참다운 깨침 얻고
낙원길 인연 찾아 샘솟는 반야지혜
꽃다운 사시절 노래
삼계업장 녹인다.

매창공원에서

찬 이슬 흰 비석에
매화향 그윽하고
수줍은 기다림에
찬 달빛 은애노래
파르르 이내 핀 매화
새벽녘에 지누나.

흰 배꽃 찬바람에
거문고 한 서리고
매화향 문틈 사이
이슬비 연서노래
흩날린 잔설 하얀 꽃
잿빛 되어 숨는다.

물망초

잊을까 조바심에 아린 속 움켜잡고
그리움 뒤척이며 하얀 밤 지새운다.
긴긴밤 또 지쳐버린
수줍었던 나상裸像이여.

잊을까 고운 자태 아련한 그리움 담아
청순한 영혼 찾아 은애 밤 지새운다.
긴긴밤 또 지쳐버린
세월무덤 나상裸像이여.

상처

칡넝쿨 질긴 괭이 상처의 흔적들에
생채기 아울러서 더불어 한 몸 되어
피멍울 아문 자리를
꽃씨 뿌려 감춘다.

깊어진 옹이 틈새 파고든 줄기뿌리
시간이 깊어지면 생채기 엄마 되어
더불어 아문 사연들
얼기설기 얽힌다.

회상回想

지나간 세월 흔적 꿈속에 아련하고
쇠잔한 풍진風塵 세월 모질게 저며오네.
이제껏 처절히 흐른 질긴 세월 그립다.

옛 기억 토막토막 기대어 오고가고
들꽃은 흐드러져 산하를 단장하네.
단상의 회한悔恨 서러움 진저리쳐 그립다.

지나간 세월 틈은 쇠하여 희미하고
아직은 잔 추억이 빈번히 왕래하네.
먼 데서 기억된 그늘 아련하게 그립다.

술

부드런 대롱 속을
내리니 광야로고
현실 속 세상사가
내 안에 놀아나네.
우정도 삶의 의미도
살판나는 난장亂場일세.

잡초

화단에 뿌리내린
또 다른 질긴 생명
내 안에 들어앉은
끈질긴 헛된 육망
소담한 잡초꽃들이
잡초를 뽑는다.

목련

서둘러 임 맞으며
터트리는 영춘화*
조급히 임 보내며
입술 다문 망춘화*
순사랑 잔설풍파에
임 못 잊어 그립다.

잔설에 움츠리는
날갯짓 백옥 살결
자색紫色의 연정 담은
이불 속 그리움에
베갯잇 연정 태우는
문풍지에 지샌다.

---

* 迎春花 : 이른 봄에 피는 꽃. 목련, 개나리 등
* 望春花 : 봄여름 두 번 핀다. 자목련, 가지꽃 등으로 불린다.

기억

다가와 함께했던
스쳐간 깃털 바람
나비채 밀짚모자
해맑은 그리움에
포근한 자운영 이불
멈춘 바람 간지럽다.

눈물

눈시울 칙칙거린
큰 바다 일엽편주
소중히 간직하고
키워낸 사연들을
차디찬 실개천 물에
내 몸 맡겨 씻는다.

우화羽化*

세천細川을 흐르는 그리운 사랑노래
대해에 발그레한 황혼이 넘실대고,
석양에 하얗게 물든
별빛들이 빛난다.

세상을 품어내던 시냇가 하얀 물결
분신한 어둔 세월 소망의 별빛들을
거슬러 못 볼 것 같아
꽃망울로 맺힌다.

* 우화羽化 – 번데기가 날개 있는 엄지벌레로 변함
– 사람이 몸에 날개가 돋아 신선이 되어 하늘로 올라간다는 말. 《진서晉書》 〈허매전許邁傳〉에 나오는 말.

여정旅情

내 안에 꽉 차 있는 오욕의 삶들이여!
무수한 순백의 혼 순간에 빨간 신호
물방울 웅덩이 되어
가는 길을 멈춘다.

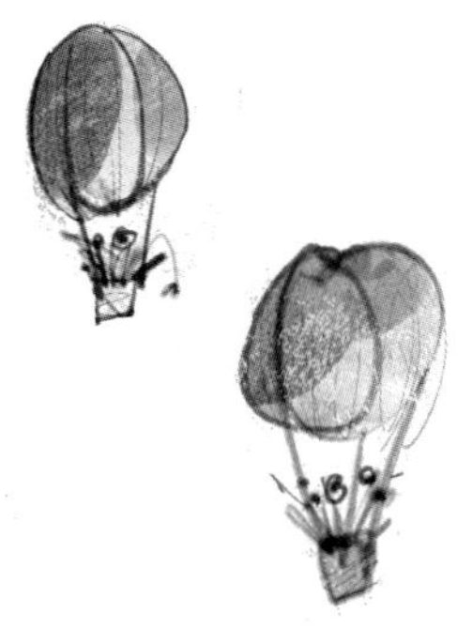

구름정원

노을빛 호숫가엔
추억이 일렁이고
잔잔한 은빛 물결
흰 구름 품었구나.
발걸음 휘청거리며
하늘 보는 떠돌이

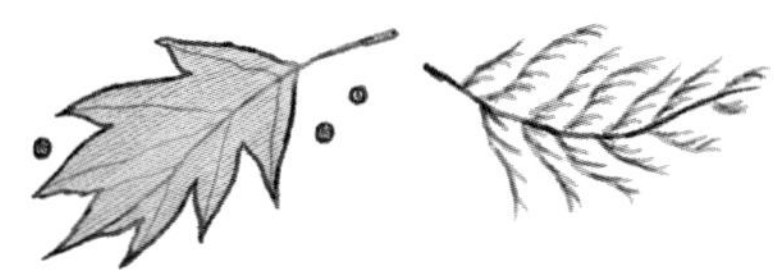

반조返照

서산에 떨어지는
가느다란 작은 외침
푸른 꿈 낙엽 되어
찬바람에 뒹구는데
쓴웃음 석양 나그네
손거울에 비춘다.

호수

날 밝는 호수정원
일월이 눈부시고
잔잔한 옥빛 연못
흰 구름 품었구나.
걸으며 마음 감추는
속절없는 세월들

조부祖父를 그리다

아직도 생울타리 푸르러 하늘 막아
사랑채 엄한 바람 헛기침도 따스하다.
파르르 잔가지 끝에 묻어나는 그리움

스치면 아니 오고
멀리하면 찾아들어
무명옷 문풍지향
코끝에 시려들고
지샌 밤 묵향墨香 그리움
잉걸불로 태워본다.

복락福樂의 노래

청천은 갈라지고 날벼락은 때 없구나.
요란한 굉음소리 천지를 진동하니
단꿈은 무너져내리고
칼바람은 끝이 없네.

지치고 버둥거린 등이 굽은 세월이여!
가녀린 입술 토해 옹알 노래 읊어보니
한순간 찬란한 하늘이
가락 속에 실려 온다.

자운영밭

엊저녁 간질거린 봄바람 너울 들판
햇살에 애무하던 물안개 출렁이고,
간밤 뒤척인 밤을
아련하게 감싼다.

애상哀傷에 보드라운 봄바람 실어오면,
귓불에 붉은 연정 다소곳 숨죽이고
들녘의 뽀얀 물안개
가시내를 품는다.

오월

투명한 연초록빛
새 생명 흔들리고
바람이 솜털처럼
얼굴에 부드럽다.
햇살에 속살 드러낸
자지러진 오월이여!

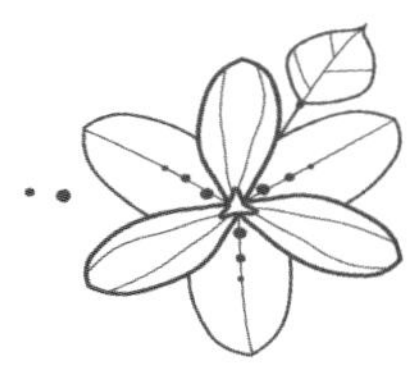

처마

아직은 생울타리
세차게 울리는데
마당 옆 잔설바람
장작이 따스하다.
파르르 잔가지 끝에
묻어나는 그리움

어젯밤 꿈길에서
만났던 그리움에
무명옷 찌든 향기
가슴에 묻어나고.
처마에 부딪치는 밤
쓸쓸함을 담는다.

불도佛道

사시절 뽐낸 꽃들
춤추는 시절 노름
땀 이마 열매 맺어
뭇 생명 배를 불리며
꽃다운 인연 뿌려야
상생상화 꽃이라오.

주야간 깨침 높여
불도를 모르는 이
인연길 어둠 길목
차디찬 무간지옥
동정간 일심 닦는 이
낙원세계 연다오.

시조

이 헌

봄바람

겨울을
벗겨내는
바람의 여린 손길

휘어진
산자락에
봄빛이 낭창하면

실꾸리
풀리는 소리
귀를 쫑긋 세운다.

눈부신 5월

아침 해 들어 올려 산허리 얹어두면
명지바람 간지럼에 5월이 풋풋하고
그리움
강으로 흘러
동화 속 섬이 된다.

어둠이 달려와서 모란꽃 불 밝히고
라일락 향기 한 올 소매 끝에 수놓으면
꼭 싸맨
가슴을 열어
보랏빛 마음 준다.

오후의 산책

갯버들
삼단머리
바람이 감겨주면

뽀송한
오월 하늘
그리움 줄을 서고

실개천
타고 오르는
피라미들 몸짓몸짓

마음 재우기

촛불이 너울대면 시름도 펄렁이고
서운함 꼬부리면 속 생각 넝마 되어
묵정밭
어둑한 구석
심지 하나 세웠다.

자분자분 오는 비가 장독대 씻어내고
닫아건 가슴 한편 달빛이 새어들면
혼魂 서린
내밀한 사연
돌돌 말아 묻어둔다.

강둑에서

갈대가
발 담근 강
바람은 맑고 찬데

그리움
봇물 터져
달빛 더욱 푸르고

강 건너
외로운 불빛
깜박이며 별을 센다.

가로등

병색이 완연하다. 가까스로 눈을 떴다.
시간을 들춰보는 그림자도 흔들리고
새벽에
내몰린 어둠
야금야금 삼켰다.

바람이 모스부호 수없이 날려대면
각지고 모난 마음 다듬고 문지르고
달빛이
밤새 보채도
감은 눈 반쯤 뜬다.

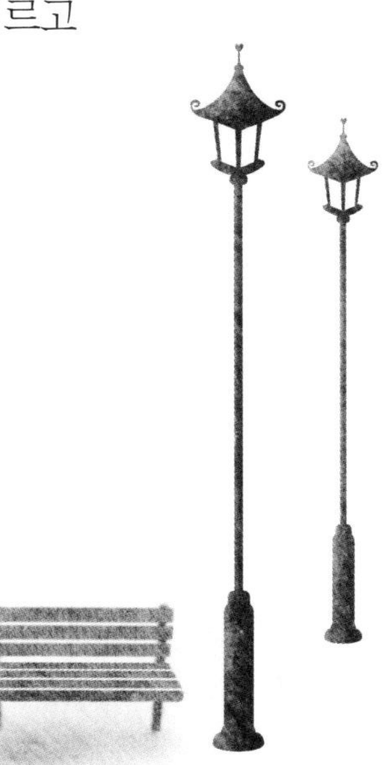

작은 어촌

너울로
밀려와서
차르르 돌아서며

몽돌이
품은 사연
벗기고 씻어내고

먼 바다
성난 목소리
잠 못 드는 밤이다.

단상斷想

까마귀 날아드는 초겨울 해질 무렵
어제의 게시판에 오늘을 덧씌우고
아직도
지우지 못해
눈시울을 붉힌다.

넉넉한 실루엣에 눈꽃이 환한 아침
정갈한 마음 담아 찻물로 우려내며
꽉 막힌
가슴을 열고
꿈 하나를 묻는다.

실어증失語症

바람에
씻긴 나목
기억 한 올 걸어두고

눈감고
귀 닫으니
입은 그냥 얼어붙고

민 가슴
다 드러내니
웃음소리 텅 비었다.

새벽

바람이 쓸어올린 어둠이 가라앉고
토방에 자리 펴는 달빛이 푸르러도
예정된
약속인 것을
어찌 눈물 보이랴.

말아둔 어둠 풀면 새벽이 차오르고
봉오리 열어가며 막힌 숨 터뜨리는
여명은
드러내는 것
햇살은 순수했다.

분노憤怒

바다는
늘 그랬다
몽구리고 감춰두고

바람에
내몰려서
이승을 떠나는 날

하얗게
부서진 영혼
갯바위가 일어선다.

무심한 날

찌들은 마음자락 내치지 못한 미련
하루를 꿰매가는 손마디 아려와도
바람은
막무가내로
빈 들녘을 쓸고 갔다.

나방이집 흔들흔들 말라 비튼 갈대머리
여기저기 아프더니 계절이 확 바뀌고
찢기고
구겨진 나날
한 박자 쉬어간다.

흑백사진

어둠이
어둠 물고
다시 또 밤이 되고

곱사등
그 너머로
수줍은 얼굴들이

세파에
닳고 닳아서
몽돌처럼 동그랗다.

세파世波

희미한 기억 너머 마음 한편 비워두고
반반한 호수 위로 초사를 달이 내려
까맣게
잊고 있었다.
그리움 설핏 지고.

자잘한 근심들이 쭈뼛쭈뼛 일어서고
미로를 더듬더듬 눈감고 길 나선다.
어딘가
내 모르는 곳
종착역이 있겠지.

독백獨白

달랠 수
없는 마음
가지런히 뉘어놓고

바람의
낮은 포복
언덕을 타고 넘어

한나절
울고 난 뒤에
매듭 하나 풀었다.

잡념 雜念

동산에 달빛 높고 심술 난 바람 일고
숨죽여 지켜보는 비틀려 아픈 마음
외로움
길들여가는
생각이 간절하다.

무게를 달 수 없는 설렘을 산란하고
기다림 졸라매어 벼랑 끝 남겨두고
무심한
세월을 따라
떠나는 연습한다.

그냥, 그런 날

한 뜸씩
수를 놓는
눈앞이 흐릿해도

꽃등에
불을 켜는
별들은 총총하고

서둘러
빗장을 열면
세월이 앞서간다.

작심作心

어둑발 내려서는 휘어진 산자락에
지난날 아쉬움을 뭉뚱그려 묶어두고
끝내는
내몰린 영혼
향불 하나 피운다.

어둠 꼬리 자른 바람 눈부신 아침 열고
꽃 대궁 밀어 올린 봄빛이 도타워도
엇나간
마음 당겨와
코뚜레를 달았다.

그 어디에

그리움
봉분처럼
웅크리고 앉아있다.

파드득
새가 날면
하늘 오른 꿈을 꾸고

이따금
먼 길 나선다.
내 쉴 곳 그 어딜까.

낙엽落葉

조금은 우울한 날 비라도 내려주면
늘어진 긴 하루가 죽은 듯 고요하고
빈 웃음
날려 보내도
아쉬움 홍건한데

시린 손 호호 불며 겨우 쓴 엽서 한 장
목마른 시어들을 가지 끝 매어둔 채
익숙한
이별인데도
가슴 무지 아리다.

공상空想

억지로
눈감는다.
새가 되는 꿈꾸고자

미뤄둔
시간들이
화석으로 굳어지면

활처럼
휘어진 가지
꿈 하나 내걸었다.

가을 단상斷想

가을을 물고 있다 슬그머니 내려놓고
바람이 가는 길은 신호등 없는 거리
하늘에
새길을 내며
내 유년幼年을 깨운다.

허기진 바람들이 물기를 털어내면
산발한 은빛 억새 온기 아직 남았을까
잠자리
볕을 쬐면서
부릅뜨고 세상 본다.

겨울비

이명에
잠 못 들어
기진한 영혼들이

는개로
피어올라
물감처럼 번져나고

갈증 난
눈芽들을 깨워
마른 입술 축인다.

착각錯覺

햇살 한 줌 들지 않는 비좁고 구석진 곳
제 가슴 콩콩 치면 하루가 금이 가고
세상은
칙칙한 곳으로
나를 밀어 넣었다.

고요가 깊어지면 두 귀도 꽉 막히고
생각이 잠든 사이 한 생이 지나갔다.
길 잃고
헝클린 마음
답 하나를 잘못 썼나.

눈이 왔다

별들이 타고내린 목화꽃 하얀 깃털
옷 한 벌 지어 입힌 민둥산 환한 아침
숫눈에
코를 박았다.
순수純粹한 입 맛본다.

바람이 귀를 열고 햇살이 눈 비비고
하늘이 보낸 사연 시어詩語로 다듬으면
기다린
보람이 있다.
하얀 손을 흔든다.

보리밭

바람이
물어 나른
새 빛에 눈을 뜨고

무지개
다리 건너
초록에 발 담그면

속살을
헤집는 바람
말랑말랑 풋풋하다.

4월에

삼십 촉 백열등은 핏발 세워 펑 터지고
화들짝 놀란 마음 꽃비늘로 날아들면
그리움
벌떡 일어나
바람결에 시를 쓴다.

봄비가 튀어 올라 꽃으로 피는 4월
버들이 몸을 풀고 수줍게 눈을 뜨면
물비늘
신열이 났다
울렁울렁거린다.

늦은 봄暮春

바람이
구름 쓸어
하늘 한편 환해지고

청보리
풋내음에
봄빛이 취기 들면

넉넉한
마음의 텃밭
시 한 수를 풀어쓴다.

하짓날 밤

늦은 밤 뒤척이며 깨진 꿈 내던지고
미련은 가둬두고 아픔은 껴안아도
담 넘은
덩굴장미는
선혈로 뚝뚝 진다.

생각은 녹이 슬고 시름이 터 잡아도
달빛 내린 언덕배기 곰실곰실 바람 일고
개망초
노란 눈동자
지천으로 찍혀 있다.

묵언默言

바람이
칭얼대도
에둘러 미뤄두고

묻어둔
아픔들이
새살로 돋아나도

눈감고
하늘을 본다.
잃어버린 나를 본다.

잊고 살기

그늘이 자리 펴고 시간도 멈춰 서고
고요가 늪에 들어 시름을 달고 사는
아스란
기억 너머로
그림자를 끌고 간다.

소나기 지난 텃밭 널브러진 하늘 조각
땡볕이 눈에 들어 벌겋게 충혈되고
이제는
지워야 한다.
눈물비가 내린다.

넋두리

어둠이
묽어지면
달빛도 곰실대고

넌출이
출렁이며
건너는 외줄 위로

이승과
저승을 잇는
색실 하나 걸렸다.

망각忘却

애 터진 밤 지나면 생각을 내려놔도
먹물로 번져나는 잊고 산 아픈 기억
산들이
무너져내려
가슴을 꽉 메웠다.

강물은 숨 고르며 속에서 뒤척이고
세월을 멈춰 세워 주름살 곱게 펴도
먼발치
희미한 불빛
가쁜 숨을 몰아쉰다.

그건 아니다

산들이
울고 있다.
서럽게도 우는갑다.

속마음
눌러 담고
분노는 숨겨두고

내몰려
타는 목마름
들불로 일어선다.

묵상默想

온종일 하늘 보며 생각만 굴리다가
여린 맘 다독이고 소지燒紙를 고告합니다.
하마 다
못다 피운 꿈
언제쯤 다시 꿀까.

안개가 삼킨 새벽 여울로 가는 골물
바람을 베고 누워 미련을 털어내고
구겨진
마음을 펴서
내 안에 새길 낸다.

공염불空念佛

모가지
기다랗게
밀어올린 꽃대궁에

개일 날
기다리며
헛꿈 하나 올려놓고

그리움
달로 띄우니
하늘이 동그랗다.

사노라면

바람이 벗긴 남루襤褸 그리움 찐득한데
얼마나 더 아파야 구겨진 얼굴 펼까
누구나
말 못할 아픔
끌어안고 사느니

꿈이야 가난해도 아름답고 다순 영혼
느린 삶 끝자락에 눈부신 하늘 열면
낙엽은
오체투지로
눈물 뿌려 잠든다.

가슴앓이

혼자서
삭힌 시름
눈물도 말라붙고

얼레로
감아올린
설렘도 앓아누워

온밤을
우레가 울고
하늘은 동강났다.

체념諦念

속세의 허물 벗고 순수純粹는 남겨두고
혼자서 삭혀내며 지켜야 할 분수分數라서
서둘러
꾹 눌러 덮고
헤진 마음 추스른다.

날마다 쓰러져도 다물고 다시 서며
한때는 시퍼런 날 속 깊이 품었나니
이슬로
떨어진 눈물
주워 담지 못했다.

자조自嘲

행여나
잊을세라
생각만 거듭 일고

먹물보다
진한 어둠
해일로 밀려오면

그제야
내가 나에게
짐이란 걸 알았다.

가을밤

바람의 성근 틈새 다잡기 힘든 세상
꽃으로 피어나서 꽃으로 지는 것은
어미가
어미로 사는
그것은 인생이다.

어둠이 눌러앉고 어슴푸레 달이 뜨고
슬픔이 뜸이 들면 기쁨이 될 수 있나
쯔쯔쯔
귀뚜리 울어
보푸라기 이는 밤

겨울 산

서리꽃
피는 아침
산들은 몸살 앓고

마지막
한 잎까지
바람의 궂은 성화

귀 닫고
숨도 죽이고
빙점 콕콕 찌른다.

늦가을 서정

가을이 곱게 늙어 결 없는 바람 이는
빈 들녘 허수아비 허리 아직 꼿꼿해도
진즉에
못 버린 미련
움푹움푹 패였다.

묵직한 가을비가 토닥토닥 안부 묻고
내던진 바람所望들이 깃털처럼 가벼워도
산들은
앞섶을 열고
바람소리 품는다.

세월 여행

바람이
숨어 사는
하늘 품 고이 여며

잊혀진
기억들이
물구나무서는 밤에

개울물
졸졸거리며
세월 여행 나선다.

감춘 속내

미련의 늪을 건너 침묵을 가둬놓고
내 삶의 작은 여백 세貰 들어 사는 인생
달무리
넓은 가슴은
비를 품고 있던가.

곰삭힌 그리움에 기다림 웃자라면
여미고 다잡아도 시름으로 되살아나
온종일
마음이 아려
목구멍이 뜨겁다.

겨울 아침

이 겨울
한가운데
다발로 묶은 바람

새벽을
안아들고
맨발로 걸어왔다.

겨울 산
가는 숨소리
동안거에 들었다.

질항아리

들숨날숨 들락이는 숨구멍 가려두고
내주어 텅 빈 가슴 기다림 채워두면
눈감고
삭혀낸 세월
똬리 틀어 버텨낸다.

소나기 한 자락에 어루만져 단장하며
어둠을 품어 안고 그러려니 살고 있는
큰 입술
맛깔스러운
들꽃 같은 아낙인가.

겨울밤

창문을
가만 연다.
눈이 오시는 중이다.

버려진
꿈 더미에
한 뼘도 더 됨직하게

웅크린
산자락들도
저린 발을 쭉 편다.

우리 사는 세상

터지고 휘어져도 뱉지도 담을 수도
시원始原을 알 수 없는 말들만 넘쳐나는
세상일
정답은 없다.
더와 덜의 차이뿐

허물을 벗겨내고 주름살 그려 넣고
허옇고 멀건 달이 뜬눈으로 지새워도
그렇게
아침은 오고
가면을 다시 쓴다.

단풍丹楓

눈감고
숨 고르고
귀 돋우면 가을 소리

꿈결에
손을 놓고
눈뜨면 저승인가!

잘 익은
단풍을 본다.
이승의 나를 본다.

그 겨울 영산강榮山江

엉덩이 툭툭 털다 발 뻗고 누워버린
세월이 뭉쳐있는 그 강둑 다시 서면
갈꽃만
꼿꼿이 서 있다.
몸 부비며 추위 던다.

산허리 감아 돌며 흐르던 길 보洑가 막아
바람이 낫질하여 물비늘만 퍼덕이고
해종일
몸살 앓더니
그만 눈을 감는다.

수 필

김 창 운

세월 흔적痕迹
불씨를 살리는 삶
창조와 공空의 소통
다름도 소중하다.
선생님 단상
성내동 별곡
시인과 군자와 홀아비 이야기
폄하貶下의 유전流轉
줄啐과 탁啄의 소리
풀꽃이 되련다.
핸들링 되지 않는 사랑

세월 흔적痕迹

나이 들어가며 삶이 흔들릴 때마다 젊은 날을 더듬어 흔적을 찾아 나서는 여행은 무료함을 달래주는 새로운 활력소가 되어준다.

허연 먼지를 일으키며 남자 조수 쉰 목소리로 버스는 달렸고 버스 안에는 농촌 아낙네와 촌부들의 땀 내음 곁들어진 걸러지지 않은 속살 비치는 정겨운 언어로 시끌벅적하였다. 벼 포기가 뿌리에 힘을 얻어 검푸르게 들판을 물들였고 뙤약볕에 포기를 치며 약한 바람에도 잎새를 하늘거리는 1970년 6월 중순으로 거슬러 근 반백 년 전에 출발한 초임 학교 부임할 때의 새록새록 한 기억이다.

피서 겸 추억여행을 들뜬 마음으로 2박 3일의 일정을 잡아 떠났다. 필시 내 메말라가는 서정과 나이 들어 없어진 활력에 물을 줄 수 있다는 희망이 가슴을 옹골차게 울렸고 낮은 산자락 끝 기슭에 자리한 학교 정경이 벅차게 다가왔다.

타종으로 수업을 시작하고 마쳤던 아련한 정감이 밀려왔다. 수업이 끝나면 개구쟁이 아이들을 데리고 냇가에 가서 물장구치며 겨우내 씻지 않은 묵은 때를 벗겨주었던 일, 동료 선생님과 운동장에서 배구를 하며 양동이에 담긴 막걸리를 마셔가며 서산으로 해를 넘겼던 일, 농촌 일손 돕기로 뜨거운 땀을 흘리며 4,5,6학년 아이들과 함께 보리 베기를 하였던 일, 퇴근하여 시디신 물 맑은 개천에서 투망으로 피라미를 잡아 회도 치고 매운탕으로 동료와 어울렸던 일, 신명나면 토담집 사택에서 상다리 두들기며 「섬마을 선생님」을 부르며 밤 깊은 줄 몰랐던 일, 가정 방문하면서 닭백숙으로 온 동네 사람들과 어울려 대접 받았던 인연 등 갖가지 사연들이 내 인생의 한복판에서 잊지 못하고 자리한 시절이었다.

5년여 간을 그곳에서 살면서 햇병아리 선생의 출발점에서 무모하리만큼 열정으로 가르친다는 마음이 앞서 저질렀던 갖가지 실수와 학부모와 맺었던 인연 등이 주마등처럼 새록새록 떠오르며 회한으로 또는 잔잔한 보람으로 지금까지 나를 매몰 시키는 그립고 사랑하는 곳이었고 시간이었다. 막대를 양쪽 산에 걸쳐놓으리만큼 좁은 산골이었다. 이곳에 댐을 막아 조상의 뼈를 옮겨야 했고 평생 정든 고향과 인연들이 헤어져 이주를 해야 했던 골수에 맺힌 한과 아픔으로 고향의 수몰을 지켜봐야 했던 사람들이었다. 앞만 보고 살아가는 도식적인 삶으로 과거가 함몰되고 문명에 도취되어 가슴에 묻어두고 찾지를 못했다.

어쩌다 일 년에 서너 번 성장한 제자들의 모임에 초대되어 사람들의 안부를 들었고 고장의 변화된 모습들을 전해 듣곤 하였다.

하늘과 땅이 혼연일체渾然一體가 된 들판을 무심無心히 바라보다가 문득, 흐릿한 시야에 들어오는 차창으로 찾아가는 다도茶道라는 도로 표지판이 보였다. 수몰 현장의 길을 따라 달렸다. 가뭄으로 메마른 호수는 옛 마을과 전답 현장을 고스란히 드러내놓고 있었다. 댐 입구 쪽은 관광을 위한 호텔, 음식점 등 시설이 즐비하였다. 댐 호수의 산기슭 갓길로 산 중턱을 따라 도로가 있었고 골짜기 골짜기에는 한두 집들이 옹기종기 자리 잡고 있었다.

개발과 발전이라는 이름으로 국토가 변하면서 경제적인 풍족과 문명의 편리가 사람들을 행복하고 만족하게 하였다. 여기에는 희생과 아픈 사람이 존재하고 소외되는 사람이 있었다는 현실을 간과하고 있다는 생각을 해보았다.

사람들이 생계를 유지하며 나름 문화를 이루었던 한 고장이 수몰되어 잠긴 흔적이 보지 말아야 할 모습을 보는 것 같아 애잔하고 울컥하였다. 근 50여 년 만에 찾는 여행이 그리 간단치 않으리라 여겼으나 너무 변한 산하가 허무하고 황량하였다.

펜션에 도착하여 여장을 풀고 별만 보이는 밤하늘을 보면서 오랜만에 맛보는 상쾌한 공기와 물 흐르는 소리에 나를 흠뻑 담가 보았다. 이튿날 아침을 재촉하여 학교가 있는 곳을 찾았다.

학교가 아이들이 없어 폐쇄되었다는 소식은 진즉 들어 알았지만 ㅇㅇ노인 요양원 간판이 선명하고 교실은 요양시설로, 운동장은 주차장으로, 교문은 요양원 간판걸이로, 사택은 부속시설로 사용되고 있었다. 학교와 노인 요양원! 이어질듯 말듯 하는 이음새를 찾고 있었다. 학교가 세상을 나가게 하는 출발무대였다면 요양원은 사라져가는 마지막 무대로 이어지는 이음새가 아닐까 하는 생각을 해보았다.

마침 학교 앞, 아니 요양원 앞에 사는 학교 아저씨였던 분이

반갑게 맞아주었다. 몰라보게 늙어버린 아저씨는 아직도 사람 좋은 웃음을 웃어주었다. 그나마 그 시절의 인연을 연결시켜주는 그리운 사람이었다. 이런 저런 사람들의 안부를 물어보는데 대부분 사람들은 고향을 떠난 후 소식이 소원하고 나이든 분들은 세상을 등졌으며, 젊은 사람들은 고향을 찾지 않고 멀어져간다는 말을 쓸쓸한 웃음으로 전해주었다.

"김 선생님이 근무할 때 이 학교가 재미있었고 활기찼어요"라며 먼 하늘을 쳐다보며 과거로 돌아가는 듯 엷은 미소에 짙게 드리운 이마의 주름살을 펴지 못하였다. 외지 사람들이 만들어놓은 관광시설로 유원지가 되어 북적대는 호수의 명성에 아랑곳하지 않고 고향을 떠나기 싫다며 호수 산기슭을 찾아 이주해 온 나이든 늙은 사람들은 수몰로 빼앗긴 농토와 마을을 그리워하며 살아간다는 말에 가슴이 먹먹했다.

"북한에서 내려온 사람들은 실향민失鄕民으로 언젠가는 통일이 되어 찾아갈 희망이 있지만, 우리는 망향민忘鄕民이 되어 고향산천을 영원히 수장시켜야 하지 않는가!"라며 육중한 중장비를 막아서며 울부짖던 촌부와 아낙네의 피를 토하는 목소리가 들려왔다.

물속에서 드러내지 않는 가옥의 터전과 전답田畓을 가슴에 담아두고 고향을 등진 그들을 떠올리며 비가 오지 않을 것 같은 차창 밖 하늘을 보며 많은 상념으로 50년 전의 세월에 묻혔다.

불씨를 살리는 삶

굶주리고 가난한 자들을 위하여 희생적인 삶을 바치겠다며 종교에 귀의한 젊은 성직자의 맹세와 헌신이 우리의 마음을 겸허하게 할 때가 있다. 차디찬 마음들이 도가 지나쳐 따사로운 바람의 불씨가 꺼져갈 때 안타까움으로 훈풍을 달래는 마음으로 무엇을 해야 할지 곰곰이 생각해보아야 한다. 이 세상에서 귀한 것은 귀하게 여길 때 귀하게 쓰인다.

오랜만에 친목 모임에서 옛 친구들을 만났다.

허름한 선술집에서 막걸릿잔을 기울이던 때가 있었고, 한강 둔치에서 모기에 물리며 소주잔을 부딪치며 미래를 이야기하며 우쭐했던 그 청년들이 이제는 병풍이 둘러쳐진 번듯한 한정식 집에서 마주 앉게 되었다.

자연스럽게 허물없는 대화 속에서 우리의 삶을 달구었던 망각의 지난날들의 먼지를 털어내고 청년으로 되살아났다. 생활을 꾸려나가기에 바쁜 일상에서 사람들과의 관계를 이어가며 작은 불씨를 살려가는 삶이 어떤 의미를 갖는가를 친구들을 보며 되살려내고 있다. 우리는 흐린 날 연무 속의 가로등처럼 은은하게 감추어진 작은 불씨를 키우며 살아왔다. 사람마다 다른 색깔로 불씨가 어우러져 타기에 붙여진 이름이 다르다. 성공이라고 부르기도 하고 실패라고 부르기도 하며 헌신과 봉사라고도 하고 인간적인 삶이라고도 한다. 살아온 명찰의 이름은 모두 삶을 지탱하는 불씨의 깜박거림이다. 불씨의 타는 모습은 다른 불씨와 적절히 조화를 이룰 때 온전한 빛을 발한다. 툭하면 옳고 그름을 이야기하는 숨 막히는 가치 지상주의의 윤기 없는 삶도, 순간을 즐기며 여유롭게 사는 모습의 삶도 서로가 인정할 때 균형과 조화가 이루어져 삶이 윤택함으로 이어진다.

지금은 무한경쟁 속에서 살아간다. 작아진 사람이 많이 늘어나는 현실이다. 행복은 가치의 실현이 아니라 사람들의 즐거움에 있다고들 한다.

"나물 먹고 물 마시고 팔을 베고 누웠으니 즐거움은 또 그 안에 있더라"라는 공자의 말은 허황되고 뜬구름같은 말로 간주되는 세태다. 살아가는 가치를 너무 믿어 현실에서 멀어지는 것도 위험한 삶이지만 힘들어 살며 순간의 즐거움만 추구하는 삶은 더 위험하다. 삶의 균형과 조화를 다시 생각할 때다.

바람도 바람 나름이다. 강풍과 폭풍에는 장작에 불살을 세게 하는 게 아니라 꺼버린다. 그러나 숨겨진 불씨는 숨죽이며 깊은 장작 불살 속에서 자리 잡는다. 그 불씨가 숨겨져 살아 숨쉬기 때문에 우리 사회는 살만한 세상이다.

가난하지만 폐지를 주워 모아 기부금을 낸 꾸부정한 주름진 할머니의 불씨에 가슴 뭉클하였고 산악인들이 자신의 생명을 담

보로 동료의 시신을 수습하기 위하여 히말라야로 떠나는 영화를 보며 가슴 뜨거운 눈물을 흘린다.

허름한 선술집, 모기에 물리는 한강 둔치의 소주잔에서 호화롭게 병풍 쳐진 한정식집으로 바뀌는 외형적인 변화가 윤택하고 행복한 삶이라 할 수 있을까? 하는 고뇌와 갈등하는 삶들이 더없이 찬란하고 긍정의 가치가 보인다.

의미 없는 삶은 삶이 무기력해지고 삶이 만들어지지도 않는다. 과거와 현재의 시간과 살아가는 각자의 공간은 조화와 균형 속에 살찌워진다. 잎새에 이는 바람에도 괴로워하는 시인의 고백이 있다. 여린 마음의 정서가 이웃을 따뜻하게 해주는 불씨인 것이다.

창조와 공空의 소통

나는 가끔 각 종교에 공통점이 없는가를 생각해볼 때가 있다 물론 그 큰 문제에 접근한다는 자체를 애써 피하기도 한다. 오죽 했으면 종교, 정치, 기제사 문제는 모임 자리에서 화두로 꺼내면 싸움질만 한다고 했을까. 역으로 많은 관심 속에서 미완의 이야 기라고 할 수 있을 것이다. 기독교를 믿는 사람들은 불교는 수행 하는데 공을 믿어 마지막에는 공만 남는다 하여 허탈하고 공허하 다고 말하는 사람도 있다.

선사가 까까중 젊은이를 갑작스럽게 뺨을 갈긴 일화를 곰곰이 생각해보면 답을 구할 수도 있을 것 같다.

` 보고 있었다. 중생을 구할 필요도 법을 구할 필요도 없다고 하면서 도대체 무엇을 구하고자 절을 하느냐고 사미 까까중이 선사에게 물었다.

아무것도 구할 필요도 없지만 일상의 예법이니 절을 해야 한다 는 답을 주었다.

사미 까까중이 "굳이 절을 해서 무엇을 얻을 것이 없다면 절을 할 것 없는 것 아니냐" 하는 말을 건네는 순간 선사가 뺨을 후려

갈겼다.

깜짝 놀란 까까중 사미가 거칠게 항의했더니 또 한 대를 갈겼다. 그리고는 아픈 뺨을 어루만지면서 도망가는 사미를 바라보았다. 황벽선사와 사미의 일화이다.

뺨을 갈기며 부처에게 절을 올리는 것이 예법의 일상이라며 황벽선사는 사미를 후려친 것이다.

그리스도교에서는 창조의 힘, 신의 자리가 있다. 즉 하나님이 있는 것이다. 빅뱅이 일어나고 천지가 창조되었다. "신의 자리로 돌아오라"며 예수는 각자 자신의 십자가를 짊어지고 나를 따르라 했다. 십자가 위에 에고를 못 박으며 그 자리로 돌아 나를 따르라 했다. 신의 자리는 에고가 없는 자리이다. 에고가 없는 자리는 결국 내가 없는 것이며 내가 없으면 아무것도 없다. 그럼 불교의 공空과 무엇이 다르다는 말인가. 그리스도교는 아무것도 없는 게 아니라 신의 자리가 있다. 그래서 사도 바울은 "이제는 내가 사는 것이 아니라, 내 안의 그리스도가 산다!"라고 했다.

신의 자리는 창조의 자리이므로 신의 자리가 나를 통해 살아가므로 창조적일 수밖에 없다.

불교에도 그런 창조의 자리가 있다. 그게 바로 공空이다. 텅 비어서 허망한 공이 아니라 텅 비어서 무한대로 창조하는 공이다. 불교의 공은 모두가 물거품이라는데 부처님에게 절을 하고 있다.

황벽선사는 자신의 눈앞에 불상이 있으니 '지혜롭게 절집의 예법 통해 공의 실체'를 보여주었다. 공은 한 마디로 모든 소리를 만들어내는 고요이다. 사미는 깨닫지 못하였다. 모든 게 공이라면 아픈 것도 공이다. 깨달았다면 반발할 이유가 없는 것이다.

황벽이 사미에게 몸소 일러준 것은 공의 자리에서 아프다는 것을 창조하지 않았느냐며 공을 가르치고 있다. 공과 창조의 공감을 대조하면 종교간 소통을 할 수 있지 않을까 하는 생각을 해본다.

다름도 소중하다

어느 지인이 이런 말을 했다. 전철이나 길가에서 외국인을 보게 되면 의식적으로 쳐다보지 않는다는 것이다. 왜냐하면 미국에 나가 있는 아들이 그 나라 사람들과 달리 황인종이라는 이유로 동물원에 있는 동물처럼 호기심과 질시와 멸시로 그 나라에서 살지 않을까 하는 애틋한 엄마의 마음이라고 했다.

이 어머니의 자식 사랑이 외국인에 대한 시선을 바꾸어 주었듯이 우리는 이제 외국의 사람들과 섞여 같이 살아가지 않으면 안 되는 교류의 폭이 넓어졌다. 각 나라에서 오는 외국인이 우리의 이웃이 되어있고 또 우리나라 사람이 그 나라의 한 축으로 섞여 살아가고 있다.

오대양 육대주가 지구촌이 되어 오고 가는 교류가 빈번해지는 이웃이 되어 있는 것이다. 우리나라 어디를 가나 외국인을 보는 것은 어렵지 않다.

1970년대만 하더라도 벽안의 선교사나 서양 군인들을 보고 잔뜩 호기심 있는 눈으로 두려워하면서 슬쩍 슬쩍 쳐다보며 파란 눈을 가진 코쟁이라며 히득거렸다. 피부가 황색이고 머리가 까맣고 눈동자가 새까맣고 코가 그들에 비해 납작한 우리들의 모습과는 완연 구별되었기 때문일 것이다.

세상의 기준은 다수의 힘과 옛부터 내려온 관습에 의해 정해지는 경우가 대부분이다. 다수가 인정하고 다수가 옳다고 하면 모든 게 정의이고 진실이고 가치라고 믿어버린다. 그리고 다수가 익숙하고 친근하다.

피부가 우리보다 까맣고 조그마한 동남아 사람들이 신체적 상황이 우리와 같지 않다는 이유 하나만으로 홀대와 차별을 받아야 하는 처지는 우리 주위에서 흔히 목격되고 사회문제화되고 있다.

그들보다 잘 사는 우리나라에서 대부분 3D업종에서 일하고 있는 아시아 사람과 중국 동포가 대부분이고, 우리나라 남성과 결혼을 하여 가난을 피해 보자는 여성이 주류를 이루고 있다.

서양 사람들도 역시 우리 황인종을 보고 호기심 있는 눈으로 바라보고 비아냥거리며 차별한다. 지구촌이라며 세계가 한 울타리에 사는 가까운 이웃이라는 어울림이 무색하리만큼 편견이 있는 것도 부인할 수 없다. 산업의 다양화와 경제교류가 많아져 인종차별적인 문제는 수그러들고 함께 살아가는 방법에 익숙하여져 서로를 이해하고 배려하며 결혼문화에까지 접근하였음은 대단한 포용이고 관용이다. 그럼에도 인종차별이 이슈화되고 인권문제까지 거론되고 있는 현실이다. 이러한 인종차별 문제는 정상이라는 기준이 다수에 있기 때문이다.

다수가 소수를 다름이 아닌 틀림으로 치부하고 규정해버리는 데 원인이 있다. 그래서 동양인은 동양인 속에 살아가면서 서양인을, 서양인은 동양인을 틀림으로 구분하는 데서 원인이 있다.

물론 문화와 환경에 차이가 있고 살아온 전통과 생활이 다르기 때문에 차별화하는 것은 당연한지도 모른다. 그러나 피부의 색깔이나 생김새로 우월감을 가진다거나 지배의식을 가진다는 반인륜적인 생각이나 태도는 다수의 기준으로 설정해서는 안 될 것이다. 다수가 절대적이고 기준의 척도가 되어 가치관이 성립되고 주관적인 틀림을 관습화시키는 일이 이어져오고 있는 데서 인권이 무시되고 차별화되고 있다. 다름과 틀림을 구분 못하고 동일시하는 편견과 우월감이 내재되어 있기 때문일 것이다.

다름은 다른 것이나 차이점을 인정하는 것이고, 틀림은 서로 어그러져 맞지 않아 차이점을 인정하지 않는다는 국어 사전적 의미에서 다름과 틀림은 엄연히 구별되어야 한다. 다름과 틀림을 구별하지 않고 틀림에 주안을 두는 습성은 흑백논리에 익숙하여 다양성의 문화를 부정하는 것으로 간주된다. 다수가 차지하는 군집에서 어그러져 맞지 않는 게 아니라 같음이 많으면서도 별다른 특징을 가지고 있는 소수가 외면당하고 소외당하며 일그러진 생활로 질시를 받고 있다.

TV에서 머리카락 색깔이 노랗다는 이유로 차가운 비난과 시선을 받는 장면을 보았다. 또 최근 동성애자들이 집회를 가졌는데 찬반의견으로 나누어져 의견이 분분하였다. 그런데 내 생각이나 행동이 다른 사람들에게 쏟아내는 부정적인 댓글은 입에 담지 못할 정도로 수준이 많았다. 나와 다른 것을 틀리다로 규정하고 무조건 비난하고 배척하는 모습이 매우 당연시되고 있는 것이다.

우리는 다수가 믿는 것을 진실이고 가치라고 인정해버린다. 백지에서 출발하여 경험하고 배워가며 자기 생각에 따라 신념이 생기는 것보다 다수나 기존사회가 정해놓은 기준에 따라 삶의 옳고 그름과 가치가 형성된다. 부모가 만들어놓은 것, 선생님이 시키는 것, 주위가 요구하는 것에 따라 성공이라는 잣대가 정해지고 부와 명예, 권력과 기득권이 인정되고 사회가 정해놓은 기준에 따라 살아가고 있다.

소수의 다름을 인정하지 않는다. 우리는 소수의 다름을 인정하는 공부를 한 적이 없고 가르치려고도 하지 않았다. 그래서 소수를 인정할 수 없는 것이다. 니체는 "젊은이를 타락으로 이끄는 확실한 방법은 다르게 생각하는 사람 대신 같은 사고방식을 가진 이를 존경하도록 지시하는 것이다"라고 하였다.

체구가 왜소하고 피부 색깔이 우리보다 까맣고 그 나라가 우리보다 못산다고 틀린 사람들이 아니다. 다만 다른 사람일 뿐인 것이다. 우리나라에 있는 소수의 외국인은 틀린 사람들이 아니라 다른 외국인으로 바라보아야 하고 다수의 기준으로 소수의 가치와 인권을 절단해서는 안 된다. 우리나라에 와 있는 소수의 지구촌 사람들을 포용하고 인정하며 소중한 이웃으로 애정을 가져 보듬고 함께 가야 할 것이다.

선생님 단상

5월 15일은 스승의 날이다. 선생님을 공경하는 마음을 새겨보고 수고에 대하여 감사하는 날일 것이다. 그런데 당사자인 학교 선생님이 스승의 날을 부담스러워하고 서글퍼한다. 선생님을 예비적인 부정한 인물로 몰아가는 행정당국의 홍보물이 있었는가 하면 스승의 날이 있는 5월에는 선생님의 긍정적인 면보다는 부정적인 쇼킹한 뉴스를 만들어 내보내는 기사와 방송영상에 선생님된 것이 부끄럽고 아이들에게 고개를 들 수가 없다는 하소연이다.

근래에 학교 선생님이 가르치는 제자에게 폭행당하고 고소 고발당하는 뉴스에 사람들이 놀라지 않는다. 10여 년 전만 해도 선생님에게 이럴 수가 있느냐며 비분강개悲憤慷慨하며 공분公憤을 많은 사람들이 토로하였다. 나도 한 때는 극소수 선생님 잘못을 전체 선생님의 잘못으로 매도하는 신문이나 방송에 울분을 참지 못한 때도 있었다.

선생님이 제자들을 성희롱하고 성폭행하는 뉴스를 하루가 멀다 하고 접하고 있다. 어쩌다 이 지경이 되었을까. 어디서부터 잘못되었을까 하는 안타까움과 근본적인 문제의식을 가지고 해결하지 않으면 안 된다는 서글픈 현실에 분노한다.

선생님이 명예퇴직 신청을 많이 한다고 한다. 특히 나이 먹은 선생님이 설 자리가 없어 명퇴를 희망하는데도 예산부족으로 삼수 사수까지도 한다고 하니 희극인지 비극인지 분간이 안 된다. 세대 간 가치관의 간격이 넓은 것도 있지만 디지털 시대의 제자와 아날로그 시대의 선생님과 소통의 문제가 있는 것도 사실인 것 같다. 보수적인 전통을 중시하는 나이 먹은 선생님과 소통과 편리한 현실을 추구하는 진보의 젊은 선생님 간 교육의 갈등도 있다. 인성교육에서 젊은 선생님과 접목이 쉽지 않다.

자존심이 상하고 적응이 안 되어 현실의 벽을 넘지 못하고 교직에 미련을 버리는 현실이다.

제자는 선생님을 불신하고 급여 받고 일한다는 존재로 여기고 있다. 학원이나 학교 밖에서 지식을 더 잘 가르쳐주고 있다며 지혜를 터득하고 더불어 살아가는 인성교육과 전인교육을 하는 선생님의 위치를 인정하지 않고 있다. 공교육의 위기이고 선생님의 절망이다.

양정호 성균관대 교육학과 교수가 OECD 회원국 중 중학교 교사 10만 5000여 명을 조사한 결과를 분석하여 발표하였다. "교사가 된 것을 후회한다"고 응답한 비율이 우리나라가 20.1%로 OECD 평균 9.5%의 두 배가 넘는다.

치열한 경쟁사회에서 아이들을 가르치는데 어려움이 없을 리 없다. 때로는 교직에 대한 회의감에 시달려 퇴직을 결심했을 것이다. 근래에 교육대학이나 사범대학 지원에 우수한 학생이 들어온다는 긍정적인 측면과는 대조적인 것이다. 이런 우수한 선생님이 교직에 대한 애정을 가지고 열정과 정성을 쏟을 수 있도록 교육적 환경을 조성하고 제도적 뒷받침을 해주어 나이 먹은 선생님의 전철을 밟지 않도록 해야 할 것이다.

초 · 중 · 고를 다니며 만난 많은 선생님들도 그냥 한 명의 사람일 뿐이다. 물론 그중에서 인생에 진로를 바꾸어준 고마운 선생님도 있고 차별과 편견으로 상처를 준 선생님도 있다. 선생님이란 직업이 성장기의 아이들을 대하는 일인 만큼 더 특별한 직업윤리와 절제, 인내심이 요구되는 건 당연하다.

하지만 아이들에게 치명적인 트라우마를 남기는 비상식적인 극소수를 예외로 한다면 결국 선생님도 저마다 다른 성품과 개성을 지닌 직장인이다. 어른이 되어 당연히 만나게 될 다양한 사람들의 유형을 선생님들이 미리 보여주고 있을 뿐이다. 훌륭하고 실력이 좋은 선생님도 만나고 인품이 조금 미흡하고 실력이 부족한 선생님도 만나며 다양한 성품을 경험하여 더 큰 인품과 지혜를 배워 사회의 동량이 되는 일은 많다. 그래서 선생님에게 믿음과 신뢰를 보내며 선생님의 위치를 확보해주어야 한다.

성내동 별곡

고향故鄕은 누구에게나 다정함과 그리움과 안타까운 정감을 주는 곳이다. 고향을 사전적으로는 '태어나서 자라고 살아온 곳, 혹은 마음속 깊이 간직한 그립고 정든 곳'이라고 정의하고 있다. 그립고 정겹고 사랑스러운 추억과 애잔한 사연이 있는 따스한 어머니 품 같은 곳이 고향이다. 그런데 시대가 변하고 세월이 흐름에 따라 고향의 색깔도 변하고 있다.

도시의 판자촌에서 울타리 너머로 돌잔치 떡을 돌려먹었던 1970년대 이전의 개발시대의 세대와 산업화로 경제가 안정되어 간 시대인 1980년대 후반 정보화 시대의 세대들은 고향의 색깔이 다르다. 요즈음 세대들은 어머니 품 같은 따스한 고향은 호랑이 담배 먹던 시절 이야기다. 주거환경이 아파트로 바뀌고 스마트폰과 대화하는 세대는 고향을 잃어버린 지 오래다. 고향이라는 단어에 목메어 하고 정겨워하는 세대는 1970년대 이전의 가난을 이겨왔던 세대가 아닐까 여겨진다.

뒤에는 산이 있고 앞에는 하천이 흐르는 배산임수背山臨水의 취락고향을 가진 세대가 1970년대 농경사회를 살았던 이들이다. 이들은 시골에서 생활하건 도시에서 정착하건 고향에 대한 정겨움과 살가움 있는 사람 냄새가 난다.

나는 도시로 몰려들기 시작한 1960년대 초반, 청량리 홍릉 근처에 둥지를 틀었다. 불원천리 서울로 유학을 온 것이다. 그 때 서울은 까만 정장 유니폼에 까만 모자의 흰 테두리가 유난히 돋보였던 전차 승무원의 군기 빠진 모습과, 빨간 빵모자 버스 차장 아가씨의 "오라잇" 소리가 유난히 커렁커렁하였던 모습이 아련하다.

서울에 둥지를 틀고 살며 학교를 마치고 직장을 잡고 떠돌아다니다가 성내동에 정착한 때가 30여 년 전 1986년 2월 추운 겨울이었다.

경기도 S시를 청산하고 이사온 곳이 성내동 강동구청 뒤 성내초등학교 근처였다. 그 때만 해도 저층 H아파트가 있었고 그 주위에는 단독주택과 상가가 더덕더덕 붙어 있었다. 좌판을 깐 좁은 골목 성내시장도 지금처럼 있었다. J, K빌라 두 동이 고급스럽게 보였던 입구에 아내는 가게를 내었고 우리는 가게 안에 살림을 풀었다.

그 후 셋방살이 전세살이를 하는 동안 분당에 내 집을 장만하여 세를 주었고, 그 후 얼마 되지 않아 유난히 회색 대리석이 고급스러운 집을 사서 이사를 하게 되었다. 아들 셋을 성내동에서 초, 중, 고, 대학을 졸업시켰고 결혼시켜 독립시켰다. 근 25년을 성내동 한 번지에 살았고 내 인생의 삼분의 일을 이곳에서 살게 된 것이다.

인생의 가장 화려했던 30대와 40대, 50대를 성내동에서 삶의 터전을 잡고 둥지를 틀어온 셈이다. 그동안 H아파트는 고층 아파트로 재개발되었고, 강동구청 주위에는 고층 건물이 들어섰다.

그럼에도 골목골목은 30여 년 전의 정겨움을 그대로 담고 있어 고향을 찾아온 것처럼 다정하고 아련한 추억이 배어 있다.

아내가 운영하던 가게는 오가다 들러 이야기꽃을 피웠던 동네 할머니 할아버지들의 쉼터였고, 젊은 부부에겐 열쇠를 맡겨놓는 언니집이였으며, 학생들이 엄마를 찾는 파출소였다.

무던한 아내가 사람을 좋아해 사람들이 오가며 즐겨 찾았고 사람 냄새 물씬 나는 이웃이었다. 아주머니들은 파전, 녹두전, 새로 담은 김치며 국수 등 소박한 음식을 가져와 나누어 먹었던 장소였다.

가정 대소사를 이야기하고, 자식들의 장래를 걱정하고 끼니 반찬을 무얼 할까를 담소로 나누었던 만남의 장소였다. 젊은 남녀들의 중매가 이루어져 짝을 찾는 경사가 있는가 하면 바람피우다 파탄 난 젊은 부부의 소식을 전해 준 정보전달 장소였다.

인정 넘치고 사람 사는 냄새로 애환이 간직된 성내동 사람들과 맺었던 인연들이다.

여름철 긴 장마로 물이 범람하여 H아파트 3층까지 잠겨 물바다를 이룬 물길 도로를 걸어 직장에 출근하였던 일, 새벽길 성내역(잠실나루역)에서 전철로 출근했던 바지런함, 자전거 전용도로 따라 한강을 끼고 동호대교까지 자전거 탔던 일, 올림픽 공원 숲길 거닐며 계절을 담았던 추억이 나이 들어가면서 정감을 더해주고 있다.

돌을 씹어도 소화할 나이인 아들 세 놈들의 도시락 챙기고 먹여야 했던 시절에 유난히 친인척 사람들이 들끓어 쌀과 고기 소비가 소문날 정도로 많았던 시절이기도 했다. 쌀집과 고기집 주인이 인정을 담아 듬뿍 얹어준 큰손을 잊을 수 없다.

그렇게 키우고 가르쳤던 세 자식들은 둥지를 떠나 제각기 제 살길로 떠나 살고 있다. 가정 대소사에 모이면 성내동 이야기에 꽃을 피운다. 그네들 친구며, 친구 부모 안부도 듣기도 하고 하나 둘 세상을 등지는 사람들의 소식에 숙연해지기도 한다.

같은 건물에 미녀 약사가 경영하던 약국도 있었고, 시장 골목 낡은 선풍기 돌린 빛바랜 하얀 가운의 이발소 아저씨도 있었고, 명절이면 떡가래 뽑아주며 술주정뱅이 남편을 푸념하며 분주히 움직이던 떡방앗간 초로의 아낙네도 있었다. 사람 좋아 돈 잘 빌려주었던 문방구 부부도 있었고, 가끔 농담 잘하며 자질구레한 일을 해주었던 구멍가게 젊은 부부와 목공도 있었다.

성내시장에 가서 두부 한모 사오다 이웃 만나 술독에 빠졌던 일, 구청 뒤에 있었던 순대 국 집에서 양은 냄비에 담아 날랐던 아이들은 정말 창피했다며 먼 이야기를 한다.

추억은 낙엽처럼 쌓이는데 이제 노쇠하여 구부정한 허리를 지팡이에 의지하여 반겨주는 이들을 보고 세월을 실감한다. 주위 동네가 개발되어 변화된 건물 숲을 이루는 곳과는 달리 천천히 변화되고 옛 모습을 잃지 않는 성내동이 나는 고맙고 좋다.

살아온 스토리가 있고 추억이 고스란히 있으며 사람과 인연을 맺어 정이 지속되고 반가운 만남이 있어 좋다.

세월의 흔적을 개발이라는 망치로 지워버려 포근히 감싸주는 따뜻함을 삭막하게 내팽개쳐버리는 세파를 이겨내고 옛 거리와 옛 골목이 개발에 묻혀버리지 않았으면 한다.

성내동을 떠난 지 8년이 되었다. 아내가 아침을 준비하며 칼질하는 도마 소리, 그릇 부딪치는 소리에 성내동 25년의 아련한 추억을 담아낸다.

내 인생의 끝자락에서 세월을 멈추게 하고 내가 나를 반추해보는 성내동을 사랑한다.

시인과 군자와 홀아비 이야기

주는 상을 거절하였다는 기사 하나만으로도 요즈음 보기 드문 용기 있는 사람이다. 상을 거절한 간곡한 사양의 변으로써 '상(賞)의 공정함과 위엄을 지키고 제 작은 염치도 보호하는 노릇을 삼고자 한다'며 상과 상금을 물리친 이유다. 상을 받는 사람이 상의 공정성을 거론하였다. 단아한 모습이 경이롭고 존경스럽다.

'어린 당나귀 곁에서'라는 시집으로 창비가 주관하여 수상이 결정된 김사인 시인의 만해문학상 수상 거절에 관한 이야기다. 비상임이기는 하나 자신이 창비의 편집위원이며, 예심에 국한되기는 했으나 만해문학상 추천위원이기 때문에 상을 받을 수 없다며 사양하였다는 것이다.

그걸 몰랐을 리 없는 심사위원들이 문제되지 않는다고 판단하고 결정하였을 텐데 스스로 오얏나무 아래서 갓끈을 고쳐 매기를 거부한 것이다. 오해의 소지가 충분히 있다는 수상자 나름대로의 판단이고 결정이다.

나는 김 시인이 사양하는 변에서 이 대목이 가장 마음에 와 닿고 경이로웠다.

"문학상은 또한 일방적인 시혜가 아니라 후보자인 수락에 의해 완성되는 것이므로 저의 선택도 감안될 여지가 다소 있다는 외람된 생각을 하게 되었습니다."

이 얼마나 담박하면서도 결기 있는 태도인가. 김사인 시인과는 일면식도 없고 시를 지나가면서 한두 편 읽었을 뿐이지만 카타르시스로 다가온다.

좌회불란坐懷不亂 고사가 있다. 춘추전국시대 노나라에 한 홀아비가 살고 있었다. 마침 이웃에 과부가 살고 있었고, 어느 날 밤 폭우가 쏟아져 과부집이 무너지고 말았다. 과부가 이웃집 홀아비에게 잠잘 곳을 청했으나 홀아비는 거절하며 문을 닫아버렸다. 과부가 몸을 떨며 너무한다고 울부짖으며 "당신은 유하혜柳下惠를 배우지 못했나요?" 홀아비는 결연히 "유하혜는 가능하지만 나는 그렇지 못합니다. 나의 불가함으로 유하혜의 가함을 배우니 이해하시오"라며 끝내 거절하였다.

유하혜는 노나라 학자이며 대부를 지낸 인물이다. 유하혜가 하루는 멀리 나갔다가 밤이 늦어 성문 밖 숙소에서 머무르게 되었다.

몹시 추운 날이었는데 숙소 앞에 여인이 쓰러져 있었다. 그는 이 여인을 방으로 들여 품에 안고 옷으로 감싸 몸을 녹여주었다.

여인을 품었지만 조금도 흔들리지 않고 여인의 언 몸만 체온으로 따뜻하게 해주었다. 유하혜의 곧은 성품을 잘 아는지라 누구도 그렇고 그런 남녀의 관계를 의심하는 사람이 없었다. 이른바 홀아비는 그럴 자신이 없었기에 과부를 방에 들이지 않았다.

지금의 남녀 기준으로 홀아비의 행동이 고지식하다 할 수 있을 것이고 좌회坐懷하되 음란淫亂해지지 않을 자신이 없는 홀아비를 이해 못한다는 사람이 있을 것이다.

여자를 들였으면 남녀 간의 애욕을 탐하는 사고를 치지 않을 자신이 없었고, 또 남들에게 의심을 받지 않을 자신이 없었던 것이다. 행하지 않아도 의심을 받을 일을 사전에 차단하는 가르침이 담겨있다.

현대를 살아가는 우리 주위는 어떠한가.

의심을 차단하기는커녕 각종 부정과 부패의 냄새가 진동하여도 너무나 떳떳하고 몰염치하게 살아가고 있는 것은 아닐까?

공공기관에 변호사 아들의 취업 청탁을 의심받아도, 로스쿨을 졸업한 딸이 공고도 없이 사기업에 채용된 의혹이 제기되어도 모르쇠로 일관할 뿐 아니라 부끄러운 줄도 모른다. 지도층 인사들이 창피함은 물론 치욕을 모르는 사람들이 수두룩하다.

그들에게 수상을 거절한 시인과 유하혜의 향기, 홀아비의 자두나무 밑 오해 차단 이야기를 들려줄 필요성도 느끼지 않는다.

그렇지만 다수의 대중에게는 한 줄기 빛과 시원한 샘물 같은 기사인 김 시인의 수상 거절의 양심과 유하혜 군자의 향기, 홀아비 예방처신의 지혜는 이 시대의 등불이고, 소금이다.

폄하貶下의 유전流轉

그는 성장기에 아버지를 부끄러워하였다. 그의 아버지는 무기력하고 살아가는 현실에 개념이 없었다. 어머니와 사는 문제로 다툼이 있을 때면 "사는 입에 거미줄 안 친다"라며 당신 나름의 합리적인 언어를 구사하며 억척의 어머니를 윽박질렀다.

그의 아버지는 대대로 내려온 쇠락한 양반가문의 이름을 팔아 위신을 세우려 했지만 당신의 아버지나 할아버지의 학문과 위력에 미치지 못하였다. 배움은 그런대로 있었지만 권위와 품위를 유지할 수 있는 경제력이 그전만큼 받쳐주지 못하였다. 그래서 그의 아버지는 주위의 친구 아버지들에 비해 가난하고 초라하며 힘없는 사람으로 여겨졌다. 그래서 그는 한 가지 결심을 하였다.

'아버지처럼은 되지 않아야 한다.'

그는 평생 자기가 꿈꾸는 존경받고 힘 있는 아버지가 되기 위해 나름대로 노력하며 삶을 살아왔다고 자부하였다. 친구 좋아하고 술은 즐겼지만 남에게 초라하게 보이지 않을 만큼 경제적인 생활도 다졌다. 여기에는 그의 아내의 부업과 헌신적이고 부지런함과 알뜰함이 많은 몫을 차지하였다.

그런데 아들이 고등학교 3학년 때 대학 진학과 진로문제로 서로 의견을 나누다 지금까지 살아온 자존심과 권위에 큰 상처를 받았다. "아버지처럼 살지 않겠으며 가끔씩 아버지가 싫다"는 말이었다. 청천벽력이었다.

그가 '그의 아버지처럼 살지 않겠다'라는 말을 그대로 아들에게 들었던 것이다. 아들에게 우산이고 큰 나무 같은 버팀목의 아버지가 아니었더란 말인가!

모녀간의 갈등은 풀리지 않는 쇠사슬이란 말은 들었다. 그런데 부자간에도 영원한 숙제가 있단 말인가. 그의 아들이 목욕탕에서 처음 등을 밀어주었을 때 느꼈던 대견하고 기특한 믿음은 산산조각이 났다.

사물이 운동하는 과정에서 내부에 존재하는 모순으로 인해 자신을 부정하게 되고, 다시 이 모순을 지양함으로써 다음 단계로 발전해가는 것이 논리적 변증법辨證法 사고思考이다. 그는 '모든 아들은 아버지에 대한 복종과 배신의 변증법적 속에서 성장한다'라는 말의 의미를 알 것 같았다. 그의 아들은 아버지라는 권위와 품위 있는 약속을 믿고 아버지의 통제와 규율에 따랐지만 성장하면서 아들이 원하는 것을 얻을 수 없다는 사실을 깨닫게 된 것이다. 그때부터 실망과 배신감을 맛보며 아버지에게 부여했던 힘을 거두어들여 자기 세계를 만들었고 아들의 내면에 불안감과 박탈감이 일깨워지게 된 것이다. 그 감정을 다스리기 위해 아들은 아버지를 배신해도 괜찮은 사람, 또는 공격을 하고 부끄러운 사람으로 만드는 것이다.

'아버지는 아들의 오이디푸스(oedipus) 환상 속 경쟁자이면서 동시에 불안과 박해감을 선사하는 대상이다'라고 한 그리스신화의 타당성을 시간이 흐른 뒤에야 그는 인지하게 된 것이다.

그가 그의 아버지를 부끄러워했듯이 그의 아들이 아버지처럼 살지 않겠다고 한 말은 아버지를 폄하하는 말이다. 어느 정도 자라고 성장하면 이상화되었던 권위와 품위가 산산조각이 되어 굴레로 돌아온다. 그가 그랬던 것처럼 책임과 의무를 다하면 장밋빛 미래가 약속되어진다고 믿기도 하지만 아버지는 가끔 자기를 쓰고 버릴 거라는 두려움을 가지고 있다.

아버지는 자기도취의 속삭이는 두 소리를 듣는다. 장밋빛 미래를 약속하겠다는 자신의 약속을 믿는다. 그럼에도 그는 세상이 자기를 쓰고 버릴 거라는 두려움도 느낀다. 이상화理想化와 폄하貶下는 사회생활에서 그대로 재연된다. 대부분의 아버지는 이상화된 삶의 모델을 가지고 있으나 언젠가는 폄하의 쓴맛을 보곤 한다.

줄啐과 탁啄의 소리

가을이다. 그렇게 무더운 긴 여름이 언제였던 양 시원한 바람이 소매 끝에 머물고 살만한 풍요로움이 마음에 내린다.

아차산 중턱 편안한 바위에 앉아 유유히 뻗어내린 강줄기를 내려다보며 바삐게 달리는 차량들과 아파트 숲을 보며 여러 사념으로 지나온 시간의 조각들이 모아진다.

별 볼 일 없는 조그마한 일을 성취하고 주위 사람들에게 우쭐 뽐내며 경솔한 행동이 부끄럽게 나를 둘러싼 사람들이 오버랩되며 얼굴이 뜨거워진다. 남을 업신여기고 하대下待하여 상처를 주어 신뢰와 인격이 허물어지는 인간관계를 형성했던 일을 간과한 때가 한두 번이었던가.

사람은 살아가는 과정에서 시련과 실패를 거듭하며 겸손과 배려와 이해를 배우게 하는 깨달음을 얻게 된다. 지금까지 살아오면서 크고 작은 일을 오직 나만의 역량으로 해결하였다는 착각을 했다. 나뿐만 아니라 거의 모든 사람들은 실패를 딛고 일어서는 일을 자기 의지와 노력으로 잘 풀어 살아간다는 착각으로 오만과 자만에 빠져들어 둘러싼 인연들에게 소홀하고 홀대하고 있다.

실패를 딛고 일어서려는 의지도 중요하지만 거기에는 나를 둘러

싼 여러 인간관계의 형성 없이는 크고 작은 일들을 해결할 수 없고 살아가는 존재의 의미도 희미해진다는 사실을 간과하는 것이다.

인간관계는 고사성어故事成語에 나오는 줄탁동기啐啄同機의 형성이 아닐 수 없다. 어미 닭이 품고 있는 알 속에서 자란 병아리는 부리로 껍질 안쪽을 쪼아 알을 깨고 세상으로 나오려고 하고 어미 닭은 품고 있는 알 속의 병아리가 부리로 쪼는 소리를 듣고 밖에서 알을 쪼아 새끼가 알을 깨는 행위를 도와주어 병아리가 세상 밖으로 나오게 한다. 사람들이 살아가면서 서로가 서로를 도와가며 살아가지 않으면 안 된다는 깨달음을 주고 있다.

여기서 병아리는 깨달음을 향해 앞으로 나아가는 수행자이고, 어미닭은 수행자에게 깨우침의 방법을 일러주는 스승이라 할 것이다.

때로는 사람들은 누군가의 도움이 절실한 고통의 시간을 겪기도 하는데 이를 두고 헤르만 헤세는 '새가 알을 깨고 나오는 고통'에 비유하기도 했다. 나를 있게 한 존재의 가치는 사랑과 가르침을 준 부모와 친지 그리고 수없이 만나는 인연들과 자연과 환경이다.

사람은 인간관계가 형성되어 누군가의 도움을 받기도 하고 또 누군가에게 도움을 주면서 살아간다. 사람들이 살아가는 행위에서 가장 공통된 가치관과 철학적 기반은 나를 둘러싸고 있는 사람과 자연과 환경이다. 핏줄의 천륜과 주위의 인연들, 그리고 자연과 환경은 병아리가 깨고 나오는 줄啐과 탁啄의 도움과 상호 상생의 작용이 아니겠는가!

달걀 속 새끼병아리가 부화할 시간이 되지 않았는데 나오려고 미리 쪼아댄다면 그 병아리는 햇빛을 구경하지 못할 것이다.

또한 어미 닭이 부화할 시간을 알아채지 못하고 밖에서 쪼아 주지 않는다면 안에서 안간힘을 다해 쪼아대다가 힘이 빠져 바깥 세상에 나오기 전에 달걀 속 새끼병아리는 죽음에 이르기도 할 것이다.

인연들이 만나 줄啐과 탁啄의 균형을 맞춰 잘 살아가고 있을까? 정치 사회 경제 문화를 이끌어 가는 지도자들이 협동 협치, 단결을 외치기만 했지, 과연 계층간, 지역간, 세대간 갈등과 분단된 남북의 긴장과 갈등을 극복하여 국민의 안위를 보장하고 편안하게 살아갈 줄啐과 탁啄의 균형을 찾고 있는 것일까?

긴 시간 버티며 달걀의 온도를 유지하며 고통의 인내를 가지고 보이지 않게 도와준 '탁啄'의 부리 소리를 고마워할 줄 모르고 제 잘난 맛에 사는 사람들이 많다.

어려우며 힘들고 괴로울 때 기댈 곳이 없어지는 세상을 절감하는 사람들이 이 사회에 많은 것 같다. 그러나 절망과 낙망하기에는 이르다.

젊은 청년은 화마를 피해 빌딩 밖으로 나왔지만 다시 뛰어 들어가 불길과 매연가스의 위험 속에서 층층을 뛰어다니며 잠을 자거나 불길에 당황하여 우왕좌왕하는 사람들을 내보내고 정작 청년은 의義롭게 세상을 떠난 뉴스에 대부분의 사람들은 아직도 줄탁啐啄의 희망을 가졌을 것이다. 의롭고 용기 있는 삶으로 살만한 세상을 만드는 사람들은 많이 있었고 또 있을 것이다.

병아리 새끼와 어미 닭이 동시에 알을 쪼아야만 이 세상에 밝은 빛이 비치는 것이다. 서로에게 고마워할 줄 알아야 하고 은혜를 알아야 한다. 사람은 혼자 살아갈 수 없기 때문이다. 살 만한 세상을 만들기 위하여 줄탁啐啄의 소리가 동시에 들리고 또 들려야 한다.

풀꽃이 되련다

근래에는 기후의 변화인지 순서 없이 목련, 개나리, 진달래, 벚꽃이 어느 날 갑자기 한꺼번에 만개하여 봄을 찬란히 펼친다. 예측이 무너지는 이상기온 속 자연현상과 같이 급하고 쫓기며 살아온 40여 년의 교직을 그만두고 퇴직한 지 6년이 지나가고 있다.

한길만 오차 없이 살아왔던 직장을 떠나오던 날부터 교차되는 불안과 무기력에 잠 못 이루었다. 시계추처럼 매달려 오고간 외길 생활에 길들여져 있었던 것이다. 매일 드나들던 익숙했던 동네 거리와 아파트 공원과 놀이터가 생소하게 느껴지고 딴 세상에 와 있는 외로움으로 공허였으며 스스럼없이 만났던 사람과도 다가가지 못하는 자신 없는 소외감으로 왜소해졌다.

'내가 변해야 한다. 그래야 나도 살고 가정이 행복해진다'라며 나를 다독거리며 주위에 눈을 돌렸던 계기는 퇴직자를 위한 유관기관이나 지역사회, 사회단체나 지방자치단체에 눈을 돌렸기 때문이다. 그곳에는 퇴직자를 위한 프로그램이 다양하게 있었다.

여기에 참여하여 지방자치단체 기관에서 실시하는 도서관 교육, 공무원연금공단에서 연계해준 노후복지설계 강사, 공무원연

금공단 상록자원봉사단 조직에서 활동하게 되었다.

도서관 독서교육을 이수하고 자치단체에서 운영하는 작은 도서실에서 어린이들 독서교육을 하였고 다문화 가정 아이들을 상대로 책 읽어주기, 다문화 가정 학부모와 가정의 어려움을 듣고 공감하며 상담을 해주었다.

어린아이들의 초롱초롱한 눈망울이 귀엽고 아름답게 다가오기 시작하였다. 남을 위한 봉사자라는 의미보다는 내가 그들에게서 값진 위안을 받고 조그마한 보람의 시간을 보내게 해주었다. 그 아이들을 만나러 가는 날 아이스크림이나 과자 비닐봉지를 한 봉지 들고 가는 발걸음이 가벼웠다. 가정이 원만하지 못하고 누군가의 보호를 받아야 할 아이들에게 짧은 시간이나마 같이 하며 따뜻한 정을 나눌 수 있는 보람이 있었다.

여기서 만난 필리핀에서 온 수녀님을 잊을 수 없다. 조그마한 키에 가무잡잡한 피부의 중년 수녀님은 애처럼 유난히 작은 손이 여리게 보였으나 어린이들에게 잔잔한 미소를 보내며 정성과 헌신으로 보살피는 모습으로 수녀님의 작은 키가 장대처럼 크게 보였다.

한 번 내디딘 봉사활동은 나에게 많은 변화가 왔다. 내게 자아실현의 성취감과 보람과 긍지를 갖게 해주는 마음의 풍요로 다가온 것이다. 노후복지강사 교육을 받고 지방자치 노인복지회관과 동네, 아파트 경로당을 방문하여 백세시대 대비 노인이 어떻게 살아가야 하는가를 강의하고 상담도 하면서 노인들과 어울렸다.

음료수 한 상자를 들고 '경로당에 들어서면 우리들이 대접해야

지 선생님 음로수를 대접받는다'면서 감사해하는 어르신들의 내숭에 같이 웃고 친숙해졌다. 살아온 고생에 보답 받지 못하는 자식 며느리 푸념을 같이 하며 동시대를 살아왔던 공통의 삶을 쏟아낸 시간이 행복하였다.

늙은이라고 뒷방 신세로 모는 자식들이 서운하다면서 고생 고생해 모은 얼마 되지 않는 재산을 절대 자식들에게 주지 않을 거라는 결연한 말씀을 하면서도 허탈해하는 어느 할머니의 말씀이 긴 여운으로 남았다. 할아버지 할머니의 노후 생활을 설계하고 어떻게 살아갈 것인가의 진지한 강의보다는 자식과 며느리, 손자들의 관계에 대하여 서운함과 섭섭함을 들어주는 것만으로도 웃음이 있고 살아온 경륜 속 가치와 삶의 무게가 있었다. 지금처한 현실을 가감 없이 공감해주는 소탈하고 진정한 마음 하나만으로도 울고 웃는 값진 소통이었다.

노후복지 강사와 멘토 활동을 계속하면서 지방자치단체 지역 상록자원 봉사단장으로 재능기부 활동을 하고 있다. 지역 아동복지센터 어린이들에게 한국사 이야기, 바둑, 독서지도 등을 일주일에 한두 번 씩 지도하고 있다. 학교에서 아이들과 같이했던 40여 년의 경험이 큰 보탬이 되었고 학교 밖에서 만난 아이들의 모습에 감회가 새롭게 다가왔다. 사랑과 보람과 삶의 활력을 준 그 아이들이 더없이 귀엽고 사랑스럽다. 단원들과 지역학교 교내외 청소와 지역 둘레길과 하천 및 공원 등 환경정화활동은 그 의미가 남다르고 살아가는 활력을 주고 있다.

지금은 '백세시대'다.

예전 70세 시대 패턴을 그대로 따라 하면 남은 인생이 너무 허망하고 무기력할 것이다. 나는 갓 70세의 문턱이다. 앞으로 사는 기간이 30년이 남았다. 남은 세월을 어떻게 보낼 것인지를 설계하지 않으면 안 된다. 과거 직장의 권위와 위엄에 얽매어 내가 특별한 존재라는 생각을 내려놓고 길가에 피어 있는 한 포기 풀꽃 같은 존재라는 것을 자각한다면 영혼이 더 자유롭지 않을까 생각한다. 길가의 풀꽃이 흔히 주목받지 못하나 나름 자연의 섭리에 순응하며 산하를 아름답게 해주고 있다.

세니오르 오블리주(senior oblige)라는 말이 요즈음 회자되고 있다. 나이 먹었다고 위세를 떨고 권위를 앞세우는 위엄의 허울을 내려놓고 나를 기다리고 있는 곳을 찾아나서는 발걸음이 가볍다. 오늘도 풀꽃 되어 연두색 봉사단 조끼를 입고 가벼운 마음으로 집을 나선다.

핸들링되지 않는 사랑

자식을 부모의 소유로 여겨 자식을 빛어내려 하는 무모한 보상 심리는 그 반작용의 대가로 사회문제가 되고 있다. 부모들은 대부분 자식에게 무한한 사랑을 주면서 그들에게서 보상을 받으려고 한다. 여기서 무한한 사랑은 오직 부모의 기준이고 잣대이다.

몇 년 전 베트남전 난민으로 캐나다로 이주한 한 가족의 슬픈 기사는 우리들이 살아가는 현실의 자화상을 보는 것 같아 가슴이 멍멍하고 경악과 슬픔이었다.

월남전 보트피플 난민 부모와 그들 딸의 비극적 종말의 기사였다. 난민으로 캐나다에 온 월남인 부부는 억척스럽게 생활전선에 뛰어들어 어느 정도 자리를 잡아 가난을 벗어나게 되었다.

그들은 딸을 공부시키며 교육에 모든 것을 걸었다. 딸은 부모의 미래였고 희망이었다. 딸에게 성적 1등만을 강요하였다. 그러나 딸은 부모의 기대에 성적이 미치지 못하였다. 마침내 딸은 성적표를 조작 위조하기 시작하였고 딸은 성적 미달로 고등학교도 졸업하지 못하였다.

딸은 더 나아가 부모의 기대에 부응하기 위하여 우수한 성적으로 고등학교를 졸업한 양 거짓을 가장하였고, 캐나다에서도 명문으로 일컫는 대학에 들어간 것으로 모든 서류를 조작 위조하였다. 부모가 원하는 가짜 학생으로 위장하여 살아갔다.

이런 일련의 가짜 행세는 얼마가지 않아 부모에 의해 밝혀졌다. 살아가는 의미를 모두 걸었던 부모는 낙망과 좌절로 실망을 넘어 인생의 목표를 잃어버렸다. 딸은 부모의 강제로 외출을 못하게 되자 남자 친구와 공모하여 부모를 살해하는 끔찍한 사건으로 결말지어졌다.

기사의 내용으로만 보면 부모의 잘못된 성공지향적 사랑과 교육관이 불러온 끔찍한 사건의 기사였다.

「연금술사」, 「순례자」 등의 소설로 널리 알려진 작가 파울로 코엘류의 고백을 읽고 아찔한 충격을 받았던 때가 있었다.

코엘류는 성적이 하위권에 있는 것 외에는 다른 10대 학생들과 다를 바 없는 평범한 학생이었고 사춘기에 장래 살아갈 문제나 이성문제로 방황하는 정도였다. 그럼에도 고등학교 시절 부모에 의해 세 번을 정신병원에 강제 입원시켜졌다. 공부를 못한다는 이유와 사춘기에 방황을 하는 아주 정상적인 과정으로 성장하고 있는 코엘류를 부모는 정신병원에 입원시켜 무서운 전기충격요법으로 치료하게 하였다. 전기충격요법은 물리적으로 뇌를 완전히 다시 정비하고 정렬하는 것이었다.

코엘류를 담당했던 의사의 진술에 의하면 과거는 사라지고 지금까지 가지고 있던 기억과 정보가 지워져 뇌를 백지상태로 만드는 요법이었다. 노년의 코엘류는 그로 인해 평생 트라우마에 시

달렸다고 하였다. 코엘류의 부모는 사랑이라는 이름으로 전기충격요법을 썼다고 할 것이다.

베트남 난민의 부모와 코엘류의 부모가 자식에게 준 무모한 사랑으로 강제한 1등과 전기충격요법인 일련의 행태가 정도의 차이는 있겠지만 동서고금을 통하여 자식을 키우는 부모에게 '사랑'이란 이름으로 정당화되었다.

부모의 기대와 잣대로 자식을 전유물專有物로 인식하고 있다. 부모는 자식을 개체의 다른 사람(他者)을 인식하는 게 아니라 부모라는 이름으로 자식(他者)을 지우고 그 자리에 나(父母)를 있게 하고 채우는 것이다. 이처럼 부모의 이름으로 자식을 양육하는 성공지향적 사랑이 얼마나 끔찍한 일인가는 사회면을 장식하는 사건 뉴스는 빙산의 일각이며 우리 주위의 인근에서 크고 작은 사건 사고로 점철되고 있다.

부모와 자식간에는 세대世代라는 벽이 있다. 세대간의 갈등과 고뇌는 부모와 자식간에 있을 수 있는 살아가는 과정이고 정상의 가치이다. 문제는 자식을 소유물로 알고 부모의 욕망을 주입시켜 대리만족이나 대리성취를 달성하고자 하는 강요와 절제되지 않는 무한성의 요구가 빚어내는 비극이다.

나와 다른 사람에 대한 의미는 무엇인가. 다른 사람은 나의 바깥에 있는 사람이다. 부모, 자식, 남편, 부인, 제자, 친구, 친인척, 애인 등 나 외의 모든 사람이 모두 다른 사람이다. 다른 사람들은 '나'라는 자아自我의 강제와 강요의 대상이 아니다. 독립적이며 각자의 개성과 인격이 있다.

부모에게 겉으로는 순응하고 고개를 숙일지언정 온몸으로 지배를 거부하고 반항한다. 내재된 다른 사람의 자아도 이해하고 파악하여 존중되어야 한다. 핸들링되지 않는 다른 사람을 나의 그물로 포위하고 잡아당기는 것을 우리는 종종 사랑이라고 한다.

핸들링되지 않는 사랑은 국가간에도 나라 안에서도 가정과 학교 등 모든 조직에서 일어난다.

전쟁은 강대국이 제국주의와 식민주의 논리를 정당화하여 약소국弱小國을 자기화하는 것이다. 독재국가에서 나(爲政者)는 애국이라는 이름으로 국민國民에게 그물을 쳐두고 정당화한다.

가정이나 학교에서 또 다른 조직에서 일어나는 수많은 사랑도 나 아닌 타자를 자기화한 경우가 많다. 나 아닌 다른 사람들은 나에게 우연히 다가온다. 내가 다른 사람에게 사로잡히는 것이다. 사랑은 능동적 지배가 아니라 다른 사람 앞에서 겸손하고 배려하며 이해하며 엎드리는 것이다. 다른 사람에 대하여 대우를 해주고 환영해주어야 한다.

그러나 다른 사람을 지배하지 않고 배려하고 이해하는 일이 얼마나 어려운 것인 줄을 의식하지 않고 살아가는 경우가 많다. 그래서 사랑은 궁극적으로 감성이 아니라, 의지이고 고통이며 인내이다.

다른 사람에게 진정한 사랑은 무엇인가!

다른 사람인 나는 전유물이나 소유물이 결코 아니다. 그렇기 때문에 나 아닌 다른 사람들도 독립체로 인정하고 대우해주어야 한다. 진정한 사랑은 다른 사람을 이해하고 인정해주는 의지와 인내의 고통을 감내해야 한다.

베트남 난민의 비극, 코엘류의 트라우마는 부모가 사랑이라는 이름으로 빚어낸 비극이다. 1등은 있으나 전부가 1등이 될 수는 없다. 1등은 혼자이다. 전부와 함께 살아가는 방법에 익숙해져야 한다.

저녁 식탁에 가족이 둘러앉아 오늘 있었던 일들을 자연스럽게 털어놓으며 이야기하는 일상이야말로 사랑을 배우며 살아가는 조그마한 행복일 것이다.

오늘도 동쪽 하늘에 달이 찬란하게 떠오르는 것은 변함없이 자리를 지키는 태양이 있기 때문이다.

수필

이 헌

예쁜 단풍잎 찾기

오늘도 아내는 늦는가 보다. 오래 전부터 맞벌이를 하는 딸아이를 위해 남매를 돌보아주고 있다. 벌써 11시가 지났는데도 아직 돌아오지 않고 있다. 날씨도 많이 추워졌는데…

조금 있으니 얼굴 가득 피곤이 역력한 아내가 들어선다.

"늦었네? 고생했어."

대충 씻고 나온 아내가 TV에 빠져 있는 나에게 토요일 날 뭐하냐며 불쑥 한마디를 던진다. 별다른 일이 없다는 말을 듣고서는 산에 가자고 한다.

"무릎이 괜찮을까?"

"그러지 뭐."

얼마 전부터 아내도 나도 무릎관절이 편치 않아 가끔 같이 가던 관악산도 가본지가 제법 오래된 것 같다.

이른 점심을 마치자 물만 한 병 챙겨들고 버스를 탔다. 그리 춥지도 않고 바람도 서늘하지만 하늘이 유난히 파래 산에 가기에 딱 좋은 날이다. 오늘은 처음부터 항상 다니던 길이 아닌 골짜기를 택했다. 잘 정비된 둘레길로 들어서니 나무 밑에 수북이 떨어진 노란 은행잎이 너무 깨끗하다.

그런가 하면 바람에 날리는 건너편 산자락의 억새 또한 늦가을이 완연하다. 생채기 하나 나지 않은 손바닥만큼 넓은 떡갈나무잎, 알록달록 잘 물든 느티나무잎, 그런가하면 온통 빨간 단풍잎도 여기저기 우리를 기다리고 있다. 도토리나무와 상수리나무 밑에서 막대기로 낙엽을 이리저리 헤집어봐도 열매는 하나도 보이지 않는다. 사람들이 다 주워갔는지 아니면 다람쥐들이 이미 겨울나기 식량으로 챙겼는지도 모를 일이다. 그래도 어쩌다 꽁꽁 숨어있던 몇 개는 찾아낼 수 있었다.

이런 우리를 산을 내려오는 사람들이 힐끗 쳐다본다. 다람쥐 밥을 뺏는다고 그러는 것이려니 하는 생각에 조금은 쑥스러워졌다.

쉬엄쉬엄 계곡을 오르면서 살펴본 산의 모습은 언제 보아도 변함이 없고 낙엽 털린 나무 사이로 퍼져 나오는 햇살이 유난히 눈부시다. 늦가을 해는 짧다. 조그만 비닐봉지를 채울 만큼 형형색색의 나뭇잎도 주웠으니 이제 우리도 산등성을 타고 내려갈 준비를 해야 할 것 같다.

산 중턱에 이정표가 친절하게 길을 안내해주고 있다. 오른쪽으로는 호압사, 왼쪽으로는 서울대학교 쪽으로 가는 길이다.

이정표 옆에 야생의 들국화가 몇 송이 피어있다. 그런데 꽃향기가 어쩜 그리도 진한지? 그 진한 내음에 취해 아내와 나는 한동안 자리를 뜰 수가 없었다. 손으로 당겨서 더 가까이 느껴본다.

아! 이것이 진짜 들국화 향기인가 보다.

산등성을 타고 천천히 길을 걷는다. 그 향기도 계속해서 따라오고 있다. 내 손에, 내 코끝에 그대로 남아있어 한껏 여유를 부리며 더불어 걷는다. 오랜만에 산에 오르니 이리도 좋은걸 여직 그냥 잊고 있었나 보다.

"무릎은 어때?" 모처럼 산에 오니 다 좋아서 그런지 괜찮다는 아내는 그저 기분이 좋은가보다. 당신은? 응, 나도 괜찮은데. 우리는 한참을 가다가 항상 다니던 산등성길 대신 오른쪽 골짜기를 택했다. 둘레길처럼 정비되지는 않았지만 그 길은 며칠 전 내린 비로 등산화로 전해 오는 폭신한 촉감, 바스락 바스락 밟히는 낙엽소리가 더 가깝게 들려온다. 그렇게 자박자박 걷고 또 걷고 온전히 잘 물든 낙엽이 보이면 주워가면서 내려오다 보니 차량 소리가 가까이서 들리기 시작한다. 이내 큰 길이 나타난다. 갑자기 시끄러워지고 탁한 공기가 몰려온다.

우리는 가끔 산에서 내려오는 길에 재래시장을 들러서 이것저것 사곤 하였다. 역시 재래시장에는 구경할 만한 것이 많이 있다. 백화점에 가야만 아이쇼핑할 수 있는 것은 아니다. 오랜만에 와본 시장이 잘 정비가 되어있다. 무질서하게 주차했던 곳에 차선도 그리고, 아무렇게나 벌렸던 좌판도 정리하고 나니 예전에 비해 달라져도 너무 많이 달라져 있어 참 보기에 좋다. 높이 쌓아둔 배추, 통통한 가을무를 보면서 아내는 김장걱정을 한다.

"여보! 우리 올해는 김장을 하지 말고 그냥 사먹고 말까?"

"그래, 그래도 돼."

나는 건성 대답을 하고 만다.

"아무리 그래도 김장을 안 할 수는 없지?"

"허긴 그래. 그럼 올해는 많이 하지 말고 조금만 하지." 그러면서 멸치도 사고, 돌산갓도 사고, 그 사이 가래떡도 사고, 시장구경도 하면서 사람 사는 냄새에 푹 빠져들어 가고 있었다.

집을 나서기 전, 오늘 산에 가서 예쁜 단풍잎이랑 토실토실한 도토리를 많이 주워야 한단다. 내가 왜냐고 묻기도 전에 부연 설명을 해준다. 며칠 전 손자아이가 체험학습을 다녀오면서 나뭇잎이랑 도토리들을 제법 많이 주워왔는데 숙제로 낼 것은 내고 좋은 것을 골라서 집에서 만들기를 하려고 남겨둔 것을 모르고 버렸다고 하였다. 나중에 이를 알게 된 아이가 저에게 묻지도 않고 버렸다면서 짜증을 내면서 많이 서운해하였다고 한다.

아내는 아이에게 너무 미안하고 안쓰러워 산에 가서 주워다 주기로 하였단다. 아이에게 줄 예쁜 낙엽도 주워주고 모처럼만에 우리도 친근한 산에서 늦가을 정취에 흠뻑 젖어보았으니 이게 바로 일거양득이 아닌가? 이제 무릎도 많이 좋아진 것 같으니 자주 시간을 내어야겠다.

'이 가을도 금방 끝나겠지?'

저 예쁜 이파리들도 그나마 남아있는 온기마저도 다 내어놓을 것이다. 그러기 전에 하나라도 더 찾아다 주고 싶다. 산이 내어준 아름다운 선물에 할아버지와 할머니의 따뜻한 마음까지 듬뿍 받고 기뻐하는 아이들 생각에 돌아오는 발걸음은 더욱 가벼워진다. 오늘따라 노을이 유난히 붉게 내리고 있다.

버스 안에서

7월이 절절 끓는 주말 오후, 오랜만에 친구를 보러 나섰다. 기다리는 버스가 곧 도착한다는 안내와 함께 저상버스이며 좌석은 여유롭다고 친절하게 알려주고 있다. 이윽고 차가 왔다.

아직 페인트 냄새가 채 가시지 않아 조금은 부담스러워도 새 차라서 산뜻해 좋다. 빈자리를 찾아본다. 저만큼 가방을 짊어지고 서 있는 젊은 여자분 앞에 자리가 보여 다가섰다.

노약자석, 그리고 그 옆에 임산부를 위한 자리라는 표지가 보인다. 머쓱해서 멈춰 섰다. 나보다도 불편한 사람들을 위해 비워둔 자리, 시원한 에어컨만큼 상쾌한 기분이 든다.

배려配慮의 사전적 의미는 '여러 가지로 마음을 써서 보살피고 도와줌'이라고 나와 있다.

우리가 사는 세상은 말 몇 마디로는 도저히 표현할 수 없는 아주 복잡하고 다기하다. 그래서인지 몰라도 혼돈과 무질서에 오히려 더 익숙하고 잘 적응하며 살아가고 있는 것은 아닐까.

배려는 나의 관점에서 일방적인 생각으로 다른 사람에게 무엇을 해주는 것이 아니다. 친절한 마음으로 눈높이를 맞추어가며 작은 관심에서 시작해야 한다. 배려는 산처럼 높지도, 그렇다고 크지도 아니한 것이다. 배려와 맥을 같이 하는 말로서 여러 가지가 있겠지만, 남의 주장이나 감정, 생각 등에 찬성하여 자기도 그렇게 느끼는 공감, 다른 사람의 입장을 이해하며 자기의 주장이나 생각을 굽히고 그의 의견을 따르는 양보, 또 남과 처지를 바꾸어 생각해보는 역지사지 등을 생각해볼 수 있지는 않을까.

일단, 공감과 역지사지는 배려의 시작이라고 할 수 있고, 양보는 배려를 가장 잘 실천하는 것이라고 할 수 있다. 우리는 흔히 하는 말로 양보는 미덕이라고 한다. 그렇다. 마음에서 우러나온 진정한 양보는 참된 미덕이라고 할 수 있다. 또한 양보는 아랫사람이 윗사람에게 하는 것이 아니라 윗사람이 아랫사람에게 해야 하는 것이다. 그러나 우리 사회는 언제부터인지 알 수 없지만 양보는 아랫사람이 해야 하는 것으로 인식되고 또 그렇게 자리 잡고 있다. 그 대표적인 예가 공은 상사에게 돌리고 책임은 부하가 지는 것이라고 생각한다는 것이다. 그러나 그것은 잘못된 것이다.

그리고 이제는 변해야 되고 바꾸어져야 한다. 최근의 국정농단 사태에서 볼 수 있듯이 자기는 몰랐다, 내가 한 일이 아니다. 아랫사람들이 윗사람에게 상의도 보고도 없이 스스로 알아서 한 일이라고 강변하는 정치인과 기업인을 보면서 언제까지 지켜보고만 있어야 하는지 참으로 답답하다. 그들을 이해할 수도 인정할 수도 없으니 말이다. 자기가 한 일에 책임을 지지 않음은 그 일로 인해 다른 사람들이 피해를 입고 손해를 볼 수 있음을 생각도 하지 않고 오직 자기만 살고자 하는 어리석음을 알면서도 그리하는 것일까? 그래도 그건 아니다. 그리 말한다고 책임이 면해지고 하늘이 가려질 수는 없다. 우리 다 아는 얘기, 명예는 상사에게, 공은 부하에게, 그리고 책임은 내가 지는 그런 모습은 전혀 보이지 않는다. 그렇다고 억지로 책임지라는 것 또한 아니다. 자기가 한 일에 대해서 책임을 지라는 것이다. 사람들이 사는 세상에 너무 완벽함은 삭막할 수 있다. 때로는 조금 부족해도 너그럽게 보아 넘기는 것이 자그만 배려라는 생각을 해보기도 한다. 그건 적어도 상식이 통하는 사회에서 가능한 것일 뿐이다.

각기 다른 사람과 사람이 모여 사는 세상에서 우리는 관계를 맺고 산다. 인간관계는 한번 맺어지면 영원히 이어지는 것은 아니다. 지속적인 관심과 배려가 없으면 언제고 멈추어설 수 있는 시계와 같은 것이라고 할 수 있다. 지금껏 살아온 날을 반추해본다. 지금 내가 가지고 있는 것은 무엇이고 또 남겨놓을 것은 무엇인가? 아쉽게도 지금 우리에겐 생각해볼 여유마저 없는 것 같다.

오늘을 살아가는 일이 그리 힘들어도 쉬어갈 겨를이 없다.

살아가다 생겨난 매듭 하나 풀어낼 그럴 틈도 없다. 그래, 아무리 힘들어도 쉬어가자. 매듭도 풀고 가자. 옹이로 남기 전에.

그리고 아주 사소한 것이라도 남을 위해서 양보하면서 살아가자. 작은 배려가 소중하다. 그 작은 배려들이 각박한 우리 세상을 밝혀주는 아름다운 등불 같은 것이라고나 할까?

우리 버스는 한강다리를 막 건너기 시작한다. 언제 봐도 잘 정리된 한강은 참 보기 좋다. 조급할 게 없는데도 벌써 마음은 약속 장소에 먼저 가 있다. 홀가분하고 기분 좋은 날이다.

공원에서의 단상斷想

오랜만에 가벼운 차림으로 집 가까운 공원으로 산책을 나섰다.

익숙한 곳이라 사람들의 발길이 조금은 적은 길을 따라 한껏 여유를 부리며 느릿느릿 걷는다. 하지를 지난 공원의 숲은 그 푸름이 진하다 못해 검다. 여름인데도 잘 정돈된 길 한편에 일정한 모양으로 심어져 있는 팬지와 같은 봄꽃들이 화사하다. 그래, 봄꽃은 역시 밝고 예뻐야 제격이야. 한결 가벼운 마음이 된다.

지나치는 사람들의 표정이 하나같이 편안해 보인다. 중, 장년의 부부들, 친구들, 다정한 연인들의 모습에서 오늘을 사는 현대인들의 각박한 삶의 흔적이 보이지 않아서 좋다.

이른 봄, 잎보다 꽃이 먼저 피었다 져버린 개나리 울타리는 볼품이 없다. 참새인가? 아니, 참새보다 더 작은 새들이 나뭇가지 사이사이를 오가며 예쁜 울음으로 귀를 즐겁게 해준다.

저들은 무엇이 그리 즐거운 것일까? 나무들이 내어주는 먹이라도 있는 것일까? 아니면, 자기들만의 몸짓인가? 작은 새들의 활기찬 모습이 나에게 자그만 활력소가 되어준다.

플러터너스 숲으로 들어선다. 시원한 그늘과 바람이 기다리고 있다. 곁을 내어준 벤치에서 잠깐 숨을 고르면서 우레탄 트랙을 돌고 있는 사람들을 살펴본다. 옷차림, 걷는 모습, 표정들이 그야말로 다양하다. 요즘처럼 거칠고 각박한 세상에서 저들은 무슨 생각을 하며 열심히 트랙을 돌고 있을까? 물론 걷는 것이 건강에 좋다는 것이야 다 아는 얘기지만.

나도 가끔은 별다른 생각이 없이 트랙을 돌기도 했었다.

어떤 날은 천천히 걷다가도 저만큼 앞서가는 사람을 따라잡으려고 잰걸음을 놓아보기도 하고, 그런가 하면 느리게 걸으면서 이런 생각, 저런 생각을 해보기도 하였다. 그래, 그랬었지. 쓸데없는 생각도 많이 했지.

어쩌면 우리들은 착각 속에 빠져 그냥 자연스럽게 살고 있는지도 모른다. 착각이란 어떤 사물이나 실제를 사실과 다르게 지각하거나 생각한다는 사전적인 뜻이 있다. 이러한 착각은 개인의 생각의 범주이므로 단정적으로 말할 수 없지만, 혹자는 착각은 자유라고 그냥 얘기하기도 한다. 그러나 한 번쯤은 착각은 자유가 아니라는 것은 짚고 넘어가야 할 일이다.

어떤 착각은 그 결과가 우리가 상상할 수 없을 정도의 피해를 유발시키는 경우도 있다.

그러한 착각의 결과는 온전히 개인의 책임으로 될 수밖에 없다. 모든 자유가 그러하듯이 착각의 자유에도 한계가 있고 다른 사람에게 피해를 주어서는 존중될 수 없다. 따라서 착각의 자유는 무한한 것이 아니고 경계해야 할 것임은 물론이다.

불현듯 몇 년 전 소식이 뚝 끊어진 친구가 생각난다.

'어디서 어떻게 살고 있을까? 잘 지내고 있겠지? 줄담배를 피워 댔는데 건강은 하겠지?'

중학교 1학년 때 처음 만나서 어지간히 붙어 다녔고 고등학교는 서로 달랐지만 자주 어울려 다녔던 그였다. 지역을 달리 살면서도 이음을 계속하였었다. 내가 그보다 늦게 입대하여 신병훈련 4주쯤일 때 같은 사단 바로 옆 부대에서 근무하고 있던 그가 어떻게 알았는지 저녁식사 시간 쯤 불쑥 찾아왔다.

고된 훈련에 힘들어했던 나는 친구가 얼마나 반가웠는지 모른다. PX에서 백도 통조림을 나누어 먹던 그가 모레 제대를 한다고 하였다. 그 자리에서 내색은 못하였지만 신병훈련을 받고 있던 나는 친구가 부럽고 또 부러웠음은 말로는 다 할 수 없었다.

그날 밤, 불침번을 서면서도 그 말이 이명처럼 울려 눈물 바람을 하였고, 밤새 뜬눈으로 눈물을 꾹꾹 눌러 참아야만 했다.

제대 후 한동안 지방에서 같이 지냈던 때도 바삐 살면서도 서로들 짬을 잘도 냈다. 그런 그와는 날마다 만나도 한없이 좋았고 1년 만에 만나도 한결 같았던 속 깊은 친구였다. 그가 생각 끝에 지방에서 사업을 정리하고 서울로 올라왔다.

같은 서울에 살면서 자주는 만나지 못하였지만 부지런히 안부를 물어가며 살았던 그가 어느 날 갑자기 소식을 끊었다. 조금은 어려운 여건이었지만 새로운 일에 잘 견디어내는 줄만 알았었는데, 세상을 살아가면서 수많은 사람들과 만나고 헤어지고 하는데 벌써 수년 동안 소식이 없다.

한가한 날 오후, 가벼운 마음으로 나선 공원에서 지나는 사람들을 보면서 그를 생각해본다. 무언가 사연이 있겠지…

이 공원은 오래전 제법 큰돈을 들여 나무를 심고 체육시설, 벤치, 예쁜 분수와 편의시설을 설치하였다. 그래서인지 휴일은 물론 평일에도 많은 사람들, 특히 어르신들과 몸이 불편하신 분들이 전동차를 타고 많이 오신다. 저만큼 전동차를 타고 가시는 할머니의 뒷모습이 낯설지 않다. 뒤에서 보는 나는 조금은 불안한데 다른 사람들과 손을 들어 인사도 하시는 여유로운 모습에 마음이 놓인다. 조금은 불편하지만 주어진 여건에 잘 적응하며 살아가는 모습이 참 좋다. 이는 비단 그분들만의 경우가 아닐 것이다. 지금 우리가 살고 있는 복잡다기한 이 세상은 여유가 없다.

여유를 가져보고자 하는 생각은 나만의 욕심일까? 그건 아닐 것이다. 물론 모두가 같은 생각은 아닐지라도 적어도 나는 내 나름대로의 생활 속 여유를 갖고 싶다. 여유 있는 삶을 위해서는 우선 모든 면에서 속도를 약간은 늦추어볼 필요가 있다.

우리가 여유를 갖지 못하는 것은 복잡한 사회적인 환경 탓도 있지만 그 근본원인은 자신에게 있다. 스스로 욕심을 내려놓지 못하는 잘못된 선택 때문일 것이다.

지금 나에게 가장 중요한 것은 바로 오늘이고, 나에게 가장 필요한 사람은 지금 내가 만나고 있는 사람들이고, 그런가 하면 내가 먼저 스스로 해야 할 일은 내 주변 사람들에게 즐거운 마음으로 다가서는 것이다. 사람마다 각기 살아가는 인생의 의미와 목표는 서로 다르다. 아주 사소한 것에 의미를 부여하는 사람이 있는가 하면 무심코 지나치는 사람도 있다.

매사에 긍정적으로 살아가는 사람은 모든 것에 소중한 의미를 두고 있는데 반하여 부정적인 삶의 이면에는 모든 것이 문제가 있다고 여기면서 스스로 여유를 포기해버리는 것은 아닐까?

우리 모두 한 번쯤은 심각하게 생각해볼 일이다.

공원에 나와 마음은 열고 생각을 내려놓으면 한결 홀가분해진다. 만나는 사람들 모두가 다정한 이웃이 된다. 바람이 선선하다.

쉬엄쉬엄 걸어 음악분수가 아름다운 아담한 호숫가 버드나무 옆 정자에서 걸음을 잠시 멈춘다. 장기에 몰두해 있는 어르신들의 심각한 표정도 잠깐 훔쳐본다. 어린이 놀이터를 돌아서면 느티나무 길이 나온다.

저만큼에서 그 친구가 자전거를 타고 손을 흔들며 오고 있다.

나도 손을 흔들며 기다리고 있다. 잠깐이나마 그를 또 생각해본다.

'그래, 건강하게나. 그래야 언젠가 만날 수 있겠지?'

금방이라도 문자가 올 것만 같고, 벨이 울릴 것 같아 휴대폰을 꺼내 본다. 가까운 시일 내에 소식이 오겠지. 기다리지만 말고 나도 이리저리 수소문이라도 해 봐야겠다.

눈이 부시다. 시원한 바람이 지나간다.

한가한 날 오후의 공원은 이래서 그냥 좋다.

석관정石串亭

오랜 세월이 만들어낸 영산강의 풍광은 참 고즈넉하다.

물론 남도의 독특한 멋과 낭만이 있어 다른 느낌이 들기도 하지만 석관정에서 바라보는 영산강은 어쩐지 애잔하다.

어머니 품처럼 넉넉한 강가를 거닐다 보면 다른 어떤 지역보다도 전라도의 깊은 맛을 잘 느낄 수 있다. 참으로 오랜만에 아내와 함께 석관정에 올랐다. 석관의 옛말은 돌고지, 돌곶이니 강 쪽으로 바위가 툭 튀어나온 곳, 즉 벼랑에 자리한 정자이다.

영산강과 고막천의 합류지점인 나루터 벼랑에 자리한 자그만 정자, 찾는 이 별로 없어 쇠락의 그림자가 깃들여 있지만 바라보고 있는 것만으로도 마음은 포근해진다. 이 정자는 나의 방계 조傍系 祖이신 극해克諧 할아버지께서 1480년 4칸 규모의 인수정仁壽亭을 지으셨고 1530년 증손되시는 진충盡忠 할아버지께서 보수하신 후 석관정으로 개칭하였다.

그 후 정유재란 때 폐허가 되어 3차의 보수, 중건한 바 있으며, 1988년 정면 2칸, 측면 2칸, 석조 8작 골기와 지붕으로 중건하여 현재에 이르고 있다.

담양 가마골 용수폭포에서 발원하여 담양, 광주, 광산을 거쳐 나주를 가로지르는 영산강은 고대로부터 내륙과 연안을 잇는 교통로였고 중국과의 교류하는 관문이었다. 1981년 하구 둑이 완공되기 전까지는 영산포까지 바닷물이 들고 났으며 강의 경사가 완만하여 내륙수로로 운송기능이 활발하였다. 강 주변은 비옥하여 농경지를 중심으로 발달되었던 선사시대 유물이 발굴되고 있다. 특히 백제 이전의 마한시대 유물이 많이 발굴되고 있다.

조선시대에는 물산이 풍부하여 임금님께 진상되었다는 영산강의 8진미가 유명하였다고 한다.

채소류인 '소蔬 팔진八珍'은 동문 안 미나리, 신월 마늘, 홍룡동 두부, 사매기의 녹두묵, 왕곡의 생강, 송월동 참기름, 복암골 열무, 금계동 봄동이라고 한다. 또한, 어패류인 '어漁 팔진八珍'은 조금물 도랑 참게, 몽탄강 숭어, 영산강 빙어, 구진포 웅어, 황룡강 잉어와 자라, 수문포 장어, 복바위 복어라고 전하여오고 있다.

미국 CNN에서 한국의 명승지 50곳 중 32위로 선정한 영산강은 바다로 흘러가면서 사행천蛇行川의 부드러운 곡선을 선물로 안겨주었다. 강이 내려다보이는 산자락과 풍광이 수려한 강변에 조선시대 선비들이 학문을 닦고 호연지기를 기르는 서원과 정자가 많이 자리하고 있었다. 자신의 생명은 물론 가진 것을 아낌없이 내어주는 강의 너그러움을 본받아 몸과 마음을 가다듬어 백성을 편안케 하려는 선비들의 기상이 서려 있는 곳이다.

영산강 주변의 많은 정자들 중에서 석관정은 무성한 갈대와 고막천이 만나는 강어귀의 절벽, 유유히 날아오르는 백로와 왜가리, 말 그대로 자연이 우리에 주는 한 폭의 그림이 펼쳐진다.

순천만이 아닌 영산강에서도 겨울처럼 잔잔한 S자 물길이 햇살에 반짝이는 풍경을 한눈에 바라볼 수 있는 곳, 석관정이다.

정자에 걸려 있는 '영산 제1경', '나주 제1정'이라는 현판을 본다. 더 무슨 말을 할 필요가 있겠는가?

정자 아래에는 이별 바위가 있다. 셀 수도 없이 수많은 세월을 오고 갔을 물길 위의 이별 바위는 임진, 정유재란 때 전장으로 나가는 남편, 자식을 강둑을 따라 배웅하다가 눈물로 전송하였다는 전설의 바위로 전해오고 있다. 또 일제 강점기에는 징용되어 끌려가던 남편을 따라오던 젊은 아낙이 가로막은 강물에 몸을 던졌다는 슬픈 얘기도 있다.

어릴 적, 할아버지를 따라 정자 아래에서 졸복낚시를 해본 적도 있고 몇 번인가는 소풍도 왔었다. 추석 무렵에는 나룻배를 타고 썰물에 아래로 내려갔다가 밀물에 올라오기도 했었다.

고등학교 때는 건너 마을에 사는 친구 집에 놀러갔던 잔잔한 추억이 있는 곳이기도 하다.

비록, 지금은 찾는 사람도 드물고 소박하면서도 깊은 멋을 지녔던 정자의 모습도 변하여 옛 정취를 잃었지만 정자에서 바라보는 영산강, 마음속의 그 강은 여전하였다.

언젠가는 사람 냄새가 나는 사람들이 풍요한 가을에 다시 모여들어 닫힌 문을 열고 달빛을 벗 삼아 남도창 한 가락을 풀어놓을 것이고 남도의 젖줄 영산강은 흥겨운 어깻짓에 넉넉한 미소로 화답해줄 것이다. 많은 사람들이 이른 아침에 피어오르는 물안개와 아흔아홉 굽이를 돌고 돌아 서해로 가는 강물 위에 저녁노을이 들면 금빛 물고기의 비늘처럼 반짝이며 일렁이는 모습이 그리 아름답다고 한다. 그러나 그때까지 기다릴 수 없는 여정에 아쉬움으로 남겨둘 수밖에 없어 아쉽다.

신록의 계절 5월에 '영산 제1경' 석관정에서 바라보는 영산강은 참으로 깊고 그윽하다. 4대강 사업으로 강물은 멈추어 섰어도 물안개 피어나는 세월이 흐르고, 구름이 흐르고, 우리네 마음도 흘러간다.

석관정을 뒤로하고 돌아오는 길, 초여름 눈부신 햇빛과 함께 이팝나무 가로수가 젊은 날의 함성으로 울려 퍼지고 있었다. 꽃향기 넘쳐나는 날이다.

오월의 애상哀傷

어두움이 짙게 내려앉기 시작할 무렵, 시골 버스정류장을 바쁘게 빠져나와 익숙한 골목길로 들어서자 낯선 발자국 소리에 놀란 이웃집 개들이 요란스럽게 짖어대기 시작했다. 애비가 이제야 오는가 보다. 대문 쪽을 향해 잘 들리시지도 아니한 두 귀를 한껏 모으고 계시던 어머님이 쇠잔한 기력을 한 데 모아 잘 열리지도 아니한 문을 힘껏 제치시며 바쁜데 어이 왔느냐? 밥은 먹었느냐?

대답을 들으시려고 하시는 말씀은 아니나 토방을 올라서는 자식의 발소리를 확인하시고는 연신 하시는 말씀이었다. 내려간다는 전화를 받으시고 종일토록 기다림 끝에 잘 도착한 자식을 보고 반가움과 안도하시는 모습이 그리 안쓰러울 수 없어 가슴이 뭉클해져 온다. 어머님께서 가신지도 벌써 2년이 훌쩍 넘어섰다.

멀리, 드라마 '주몽'의 촬영지가 바라다보이는 5대조를 함께 모신 선영에 4년 전 돌아가신 아버님 곁에 고이 모셔드렸다. 서울에 살고 있다는 핑계 아닌 핑계로 자주 찾아뵙지 못한 죄스러움이 앞선다. 술과 약간의 안주, 그리고 생전에 아버님께서 즐겨 드셨던 커피도 함께 올리고 아내와 함께 인사를 드렸다.

"아버님, 어머님 저희들 왔습니다."

어쩌다 한번 내려오면 그렇게 반겨 주셨던 두 분의 잔잔한 미소가 파노라마처럼 펼쳐지고 있었다. 산소 주위에 이름 모를 풀들이 꽤 많이 자라 있었다. 누가 먼저랄 것도 없이 아내와 산소 주위의 풀들을 뽑기 시작했다.

채 30분도 되지 아니 하였는데도 땀도 나고, 허리도 아프고, 잔돌에 짓눌린 무릎도 편치 않았다. 생전에 불편하신 몸으로 시제와 제사는 물론, 산소 돌보기에 정성을 들이시고 우리 집안의 대소사를 꼼꼼하게 챙기시며 종부로서 궂은 일을 마다하시지 아니하셨던 어머니의 반이나마 따라 해보려고 했지만, 몸도, 마음도, 정성마저도 미치지 못함이 더욱 부끄럽게 한다.

"여보, 풀을 뽑으려면 제대로 뽑아야지, 그게 뭐예요?"

풀을 뽑고 난 내 뒷자리가 시원찮아 보인 탓이었던지 아내의 잔소리에 조금은 짜증이 묻어나고 있었다. 제초제도 뿌리고 미리 준비해 간 잔디 씨앗도 고루 고루 뿌리고 조금씩 무너져내리고 있는 산소 군데군데를 정성스럽게 밟아주고 나니 그제야 제법 주변이 개운해 보인다.

이 넓은 산소 주위를 힘들어 하시면서도 이리 저리 굽은 허리를 펴시지도 못하고 힘들게 풀을 뽑으시던 어머니! "힘들지야, 인자 그만해라" 하시면서 뭉게구름 둥실 둥실 밀려가는 저만큼 하늘에서 환하게 웃고 계신다. 먼 하늘의 흰 구름이 한가롭고 간간히 불어오는 바람이 조금은 선선하다.

사람이 살지 아니한 빈집은 왜 이리 횡할까? 어머님이 계실 때는 따스하고 아늑했는데… 마당의 잔디와 뒤 텃밭의 잡초는 언제 자라 저리 무성하고, 방이며 마루의 먼지는 왜 그리 많이 쌓여있는 것일까? 청소와 잡초를 뽑는 일에 넌더리를 내면서도 거의 마무리가 되어갈 때쯤에서야 조금은 평온을 찾아 집안 여기저기를 둘러볼 여유를 찾았다.

아내와 둘이 있는데도 빈집을 둘러보는 생경스러움과 젊음을 살아온 내 보금자리가 허전한데 혼자 계신 긴긴 밤들이 얼마나 고단했고, 외로우셨을까 하는 생각에 진한 그리움이 젖어들었다.

전화를 자주 드리지 못했는데 어쩌다 전화 한번 드리면 “나는 괜찮다” 하시면서도 자식 걱정 먼저 하시던 어머님, 계실 때 잘 모시지 못한 아쉬움이 이제 와서야 때늦은 후회가 되어 밀물처럼 밀려왔다.

“들어가세요. 이제 저희들도 올라가렵니다.”

“그래, 어쩌던지 몸 성하거라. 에미가 고생이 많았다. 도착하면 바로 전화해라”

실버 카에 의지해 힘들게 마을회관으로 걸음을 옮기시던 어머님의 뒷모습이 눈에 아른거려 차마 발길이 떨어지지 않는다. 비어있는 집을 뒤로하고 기차역으로 가면서도 자꾸 뒤가 돌아다보인다. 골목 입구에 실버 카가 보인다. 어머님 눈에 눈물이 그렁거린다. 이내 앞이 흐려져 아무것도 보이지 않는다.

“새끼들 잘 건사해라 잉”

풀기 잃으신 어머님의 목소리가 아직도 귓전을 맴돌고 있다.

오월의 어느 날 늦은 오후, 인적 드문 시골 역, 듬성듬성 빈자리가 보이는 무궁화호 열차가 거친 숨을 토하면서 지루한 귀경길에 오르고 있었다.

웰빙(Well-being)과 웰다잉(Well-dying)

그리 오래전 얘기는 아닌성싶다. 기나긴 겨울을 보내고 봄이 오면 춘궁기春窮期니 보릿고개니 하여 햇보리가 미처 여물지 않은 음력 3-4월, 참으로 견디기 힘든 세월이 있었다.

지금은 봄이 되어도 그때 일을 잊고 지내지만 내가 어렸을 때만 하더라도 복병처럼 찾아오는 배고픔, 그 아픔의 세월을 잊을 수 없을 것이다. 그 시절, 많은 집에서 점심을 거르거나 고구마 한두 개로 때웠던 때가 바로 엊그제 같은데 언제부터인가 웰빙의 열풍에 빠져들더니 이제는 웰다잉과 웰에이징에까지 관심이 쏠리고 있다.

웰빙은 일반적으로 몸과 마음의 편안함과 행복을 추구하는 태도나 행동을 이르는 말이다. 우리말로 한다면 '참살이'라고 하는데 웰빙이 더 친숙하게 느껴지기도 한다. 산업사회의 고도성장은 우리에게 물질적인 풍요를 가져다 주었지만 상대적으로 마음의 여유나 정신적인 안정은 내어줄 수밖에 없었다.

지금의 사회가 구조적으로 물질적인 부富를 추구하는 시스템 때문에 많은 사람들은 대부분의 시간을 부를 축적하는데 사용하고 있다. 따라서 웰빙은 물질적인 부에 비해 정신적인 건강에 다소 소홀해지는 경향이 있어 이를 인식하고 육체적, 정신적 건강의 조화를 통하여 아름다운 삶을 영위하려는 새로운 문화 또는 그러한 양식을 말한다.

웰빙이라는 용어는 복지, 행복, 안녕을 포괄적으로 뜻하는 말로서 2000년 이후에 본격적으로 나타나기 시작하였다. 우리나라에서도 2003년 이후 알려지기 시작하였는데 육체적인 건강상태뿐만 아니라 직장이나 공동체에서 느끼는 소속감이나 성취감의 정도, 여가생활이나 가족간의 유대, 심리적 안정 등 다양한 요소를 웰빙의 척도로 삼기도 한다. 몸과 마음, 일과 휴식, 가정과 사회, 자신과 공동체 등의 모든 것이 조화를 이루어 어느 한쪽으로 치우치지 아니한 상태가 바로 웰빙이라 할 수 있을 것 같다.

이를 추구하는 사람들을 '웰빙족'이라 부르며 그들은 고기 대신 생선과 유기농산물을 즐긴다. 또, 단전호흡이나 요가 등 마음을 안정시키는 운동을 하며 외식보다는 가정에서 만든 슬로푸드를 즐기고 여행, 등산, 독서 등 다양한 취미생활을 많이 한다.

우리 인생의 1/4은 성장하면서 보내고 나머지 3/4은 늙어가면서 보낸다고 한다. 사람이 살다가 아름답게 죽는 것은 여간 어려운 일이 아니다. 그보다도 더 어려운 것은 잘 늙는 것이다.

행복하게 늙는 것, 그 또한 쉬운 일이 아니다.

예나 지금이나 우리 사회는 죽음이라는 화두를 금기시해오고 있다. 그러나 빠른 속도로 고령사회로 접어들면서 잘 먹고 잘 사는 법 이상으로 아름다운 죽음에 대해 많은 관심을 갖게 되었다.

웰다잉의 사전적 의미는 잘 죽는 것이며 품위 있는 죽음, 행복하고 건강한 죽음으로 해석한다. 웰다잉, 잘 죽는 것이 잘 사는 것의 완성이라는 시각에서 본다면 웰빙의 진화된 개념이라고 할까?

이는 삶과 죽음이 서로 다른 것이 아니라 똑같이 고귀한 삶의 연장선상에 있다고 보는 것이다. 그야말로 잘 죽기 위해서는 잘 늙는 것이 무엇보다 중요하다.

오래 살고 싶은 것은 인간의 기본적인 욕망이며 당연한 바람이라 할 것이다. 지금 우리나라의 평균수명이 80세를 넘었다고 한다.

불과 몇 십 년 전과 비교해보면 아마 두 번의 인생을 산다고 해도 지나치지 않을성싶다. 모두 건강하게 오래 살고 싶어 한다.

그러나 오래 산다는 것이 그리 좋은 일만은 아닐 수도 있다.

오래 살다 보면 좋은 일도 많겠지만 때로는 그렇지 않을 수도 있다. 요즈음 가끔 세대 간의 갈등을 보면서 이런 때일수록 얼마나 오래 사느냐 보다는 어떻게 잘 늙어 가느냐가 중요하다는 것, 즉 웰에이징을 새롭게 생각해보아야 하는 그런 대목이라 하겠다.

최근 삶의 질과 건강에 대한 인식이 확산되면서 많은 것을 되돌아보게 한다. 이는 무엇보다 오래 살게 되면서 사는 동안 건강하게 살고 싶은 기본적인 욕구에서 비롯된 것이다.

이러한 현상은 생리학적인 삶의 연장이 아니라 건강이 전제되는 풍요로운 삶의 추구와 행복에 대한 가치관의 변화, 자아존중이라는 관점에서 볼 때 사회적인 변화로서 웰에이징에 대해서도 눈여겨보아야 할 것이다.

인간으로 태어나서 '참살이'하다가 아름답게 늙어서 잘 죽으려면 지금과 같은 혼돈의 사회일수록 자기 자신을 잘 다스려야 한다. 젊어서는 젊다는 생각만으로 모든 일에 혈기를 앞세워서는 아니 될 것이고, 장년이 되어서는 지나친 경쟁을 삼가고, 나이 들어서는 욕심을 내지 않아야 한다.

중용에서 인생의 참맛을 느끼며 살고자 한다면 스스로 생각을 바꾸고 관점을 달리한다면 우리의 일상에서 느낄 수 있다고 하였다. 세상은 언제나 어렵고 힘이 든다.

어려울 때일수록 여유로운 마음을 가지고 매사를 긍정적으로 생각하며 한 번 더 뒤를 돌아보며 배려하는 삶을 산다면 그것이 가장 좋은 웰빙이 될 것이며 아름답게 늙고 그리고 가장 행복한 죽음, 웰다잉을 맞을 수 있지 않을까?

담담하고 차분한 마음으로 하루하루를 살아가는 그런 삶이 되었으면 한다.

산처럼 물처럼

요즈음 하는 일도 없었는데 뭐가 그리 바빴는지 가까운 산을 한 번도 가지 못했다. 그런가 하면 글 한 줄도 읽지 아니한 것 같다. 말 그대로 무위도식한 셈이다. 아무리 되짚어봐도 이래서는 아니라는 생각에 자리를 털었다.

나는 나그네 마음이 되어 물 한 병과 스틱을 챙겨들고 서둘러 나선 발길은 그지없이 가볍기만 하였다. 수없이 올라 익숙한 길임에도 오늘따라 생소한 느낌마저 드는 오르막길이 시작부터 부담스럽다. 산을 자주 찾지 않아 더 힘이 드는 것인지, 아니면 그 사이 산이 갑자기 높아져버린 것은 아닐까?

이럴 땐 서두르는 것보다는 하늘도 바라보고 또 뒤도 돌아보면서 쉬엄쉬엄 가는 게 제일이다. 언덕길 옆, 눈에 익은 맥문동도 여전히 무성하고 멀리 보이는 하얀 아파트 숲들이 파란 하늘과 잘 어울려 한 폭의 그림처럼 펼쳐지고 있었다. 우거진 숲 사이길, 능선을 걷다 보면 마음은 조금이라도 여유로워지고 생각은 차분해진다. 이름 모를 산새가 날고 앞서가는 장년 부부의 모습이 다정해 보인다.

산은 언제 보아도 변함없이 한 자리에서 오는 계절을 맞아주고 떠나보내면서도 이런 저런 말 한 마디 없이 그냥 잠자코 지켜보는 듬직한 성정이 너무 좋다. 그래서 아무 때나 찾아오고 더불어 기대며 서로를 알아보는가 보다. 시흥 쪽에서 올라오는 사람들과 한데 어우러지는 호압사 옆 벤치는 형형색색의 아웃도어 등산복 차림들로 활기에 넘쳐나고 있었다.

언제 와보아도 관악산은 물이 별로 없다. 그러나 며칠 전 제법 많은 비가 내렸으니 약수터를 지나면 조그만 정자 옆 개울에서는 물소리를 들을 수 있을 것 같다는 생각이 들어 발걸음을 재촉하였다.

야트막한 언덕을 넘어서자 이내 정자가 보이고 시원한 물소리가 들려왔다. 계곡에서 흘러내리는 물은 맑고 깨끗했다. 서둘러 손과 팔을 씻고 얼굴도 훔치고 나니 정신까지 맑아진다. 정자에 앉아 마시는 물 한잔이 여유롭다. 그리 높지는 않아도 경사진 계곡을 흘러내리는 물소리가 더없이 청아하다. 언제까지나 이 소리를 변색시키지 말고 자연 그대로 들었으면 좋겠다. 잠시이지만 이 산에 내가 있고 이 물 곁에 내가 있어서 그냥 좋기만 하다.

가끔은 서로에게 아무런 조건 없이 곁을 내어주는 산이 더 아름다워진다. 시원함을 몸속까지 채웠으니 이제는 잠깐 머물렀던 정자를 뒤로하고 느슨한 신발 끈을 조금 조이고 나서 걷는 느낌은 한결 가볍다. 나무들 사이로 스쳐가는 바람은 소리로 말하고 숲 사이로 보이는 하늘은 미소로 답해준다. 늘 걸었던 길이라 생각 없이 지나쳐 버리곤 했었는데 오늘은 산도 나무들도 물소리까지도 새롭게 다가서고 있어 눈과 귀와 마음까지도 편안해진다.

그러고 보면 산은 움직이지 않고 가만히 있는데도 올 때마다 변해 있는 것 같고 계곡물은 그냥 흘러가버리는 것 같지만 언제 봐도 그대로이니 변한 것은 이 산속에서 나 혼자인가 보다. 나도 이제 이런저런 생각 모두 내려놓고 한 번쯤은 듬직한 산처럼, 쉼 없이 흘러가는 물처럼 그렇게 살아보고 싶다. 조금은 가파른 길을 벗어나 잘 정돈된 둘레길로 접어들었다. 인적이 드문 길을 느릿느릿 걸으면서 이 나무 저 나무들을 살펴보기도 하고 잘 생긴 소나무 앞에서는 한참을 머물며 온갖 여유를 다 부려본다.

이런 호사가 또 어디 있을까? 개울도 건너고 숲길을 지나 한적한 쉼터에 자리를 잡았다. 잡다한 생각을 정리하기도 하고 혼자의 마음을 쉬어가며 자연의 아름다움을 가장 가까이서 느낄 수 있는 곳, 산이 마냥 좋다. 땀도 식히고 다리쉼을 하면서 조금은 감상에 젖어 보기도 한다. 뜻은 산처럼 높이 세우고 생각은 물처럼 유장하여야 하거늘, 우리 모두의 신뢰가 한꺼번에 무너져가고 있는 요즈음, 세상살이가 참으로 각박함에도 산은 결코 말이 없지만 모든 것을 말해주고 귀가 없으면서도 빠짐없이 다 들어준다.

또한, 굳이 붓과 물감이 없어도 기꺼이 그림이 되어주는 아름다운 풍경들은 자연이 우리에게 주는 선물이 되어 언제나 푸르고 건강한 삶으로 이어진다. 산이 구름을 탓하지 아니하고 물이 굴곡을 핑계대지 아니하는 것이야말로 긍정적이고 자연적인 삶의 모습일 것이다. 늘 낮은 데로 흐르고 가다가 막혀도 불평이나 불

만도 없이 돌아가는 물처럼, 그런가 하면 불은 태워서 자신을 드러내지만, 스며들면서 자신을 감추는 물처럼 소리 없이 살아가는 그런 인생은 어떨까?

오랜만에 나선 산행길이어선지 조금은 피곤하였지만 가벼운 마음으로 내려오는 길에 만난 계곡을 흐르는 물은 그냥 처음부터 제 갈 길을 서두르지 않고 아래로 흘러가고 있었다. 산이 아무리 철따라 변한다 해도 아름다움과 당당함을 잃지 아니한 산의 자태를 감히 그 무엇과 견줄 수는 없을 것이다.

나는 내 일상 속에서 찾을 수 없는 자연을 만나기 위해 가끔은 산에 오른다. 산에 오르면 시야가 넓어지고 물은 내려갈수록 더 깊숙이 숨어든다. 산과 물은 항상 같이 있고 어울리며 서로 안고 살아간다. 그런가 하면 산은 물과 더불어 자연 그 전부이다.

이제 나 역시 듬직한 산처럼, 흐르는 물처럼 한결 같으리라 다짐해보며 모든 걸 다 비우고 내려오는 길, 나는 산과 물이 함께 하는 그 자연 속에서 나만이 느끼는 내 마음속 자유를 만끽한다.

갑자기 아래로부터 덥고 습한 바람이 몰려와 전율처럼 온몸을 휘어 감는다. 나는 서서히 깨어나 우리가 사는 세상, 그 혼돈 속으로 다시 돌아오고 있었다. 그런 나를 기계문명의 편안함이 단숨에 도심 속으로 옮겨놓는다.

자등명自燈明 법등명法燈明

우리 사는 세상은 그야말로 휘황찬란하다. 그런데 내 주위는 왜 그리 어둡게만 느껴지는 것일까? 내 스스로 밝히지도 못하고 의지할 등불도 없어서 그리 느끼고 사는지 모를 일이다.

그러나 그건 아닐 것이다. 지금은 모두가 어둠에 싸여있기 때문에 나도, 다른 사람들도 그 어둠 속에 묻힌 세상에서 같이 살고 있기 때문이다.

'인간은 사회적 동물이다'라는 말은 고대 그리스의 철학자 아리스토텔레스가 한 말이다.

이는 인간은 사회 속에서 살아갈 때 행복하다는 뜻이다.

사람은 저마다 생각도 다르고 성격도 다 다르다. 이를 두고 개성이라고 한다. 개성이 서로 다른 사람이 모여서 사는 이유는 혼자서 할 수 없는 일도 여럿이 하면 쉽게 이룰 수 있기 때문이다.

사람이 모여 산다고 해서 모든 일들이 잘 되는 것만은 아니다. 문명이 발달하고 사회가 복잡다기해지면서 서로간의 이해가 충돌하고, 특히 개인 성향이 강해짐에 따라 많은 문제점을 보이게 되었다.

이처럼 통속적인 사회에서 살아남고 또 속된 말로 출세하기 위해서는 세상이 가르치는 오욕칠정의 삶에 빠질 수밖에 없을 것이다. 사람의 인격형성은 교육으로 이루어진다.

우리나라의 교육은 인성에 대한 것보다는 출세를 위한 입시위주, 생존경쟁에 살아남기 위한 교육에 치중하고 있다. 그러한 편향적인 교육정책 때문에 많은 젊은이들이 사고의 결핍 속에 정신적인 혼란에 빠지는 것이 아닌가 하는 생각을 해본다.

나는 불자는 아니다. 그렇다고 거부감을 가지고 있는 것도 아니다. '너희들은 다른 것에 의지하지 말고 자신을 의지처로 삼고, 법을 등불로 삼아 정진하라'(自燈明 法燈明)는 석가모니께서 열반에 드시기 전에 마지막 남기신 말로 지금까지도 되새겨야 할 가르침 중의 하나이다. 이는 다시 말하면 자기 자신을 등불로 삼고 진리를 등불로 삼으라는 말이라 할 것이다. 등은 어둠을 밝히는 유용한 빛이다. 빛 한 점 없는 밤길을 걷는 것은 어려운 일이다.

우리의 마음도 어둡기는 마찬가지다. 우리가 괴로움을 느끼는 것은 그 마음이 어둡기 때문일 것이다. 캄캄한 어둠에 싸여 헤매고 있는 중생들의 마음을 밝히고자 연등을 밝혀 지혜를 얻으려는데 그 심오한 뜻이 있는 것 같다. 그래서 매년 부처님 오신 날에 온 누리에 광명이 가득하기를 기원하면서 연등을 밝히는 것이리라.

요즘 세상은 소유와 쾌락을 본질로 하는 물질문명과 자본주의가 지배하고 있어 오직 돈이 인생의 가장 중요한 가치로 인식되고 있다. 그런가 하면 광적인 신앙과 갖가지 환상적인 편견들이 넘쳐나는 그런 세상에 그냥 버려져 있다. 얼마 전, 참으로 황당한 신문 기사를 읽었다.

헬리콥터처럼 자녀 주위를 맴돌며 지나치게 챙겨주는 엄마, 일명 '헬리콥터 맘'에 대한 기사다. 이들은 무작정 대학교 총장실로 전화를 걸어 자기 아이가 취업을 하기 위해 공부를 열심히 했는데도 교수가 학점을 잘 주지 않는다, 전과를 해야 하는데 학점이 모자라다, 가족과 해외여행을 가야 하는데 수강신청을 뒤에 하게 해달라, 심지어는 술을 먹고 늦게 들어와 학생예비군훈련 단체버스를 놓쳤는데 어떻게 해달라는 등 아무리 생각해도 이해가 안가는 전화를 해댄다고 한다. 부모의 입장에서만 보면 아무리 나이가 들었다 하더라도 자식은 자식일 수 있다.

그래도 대학생이라면 새내기라 할지라도 적어도 다들 스물은 된 나이다. 그러한데도 그들의 학사문제까지 시시콜콜 엄마가 끼어든다면 이건 문제가 있어도 큰 문제인 것 같다.

굳이 20세는 약관, 30세는 입지 등을 들어가면서 얘기할 일도 아닌 것 같다. 이런 일들은 유치원 때부터 끼고도는 우리나라의 교육현실에 그 원인이 있다고 할 수 있다. 그러나 그보다도 더 큰 문제는 정권이 바뀌면 뜯어고치는 교육제도와 이를 집행하는 교육행정의 모순, 그리고 우리나라의 불안한 사회현상에서 오는 것이 아닐까 하는 생각이다. 대학생 정도면 스스로 판단하여 행동하고 자기 일에 대해 자기가 책임질 수 있도록 해야 한다. 머지않아 부모의 품을 떠나야 할 그들에게 생각할 여유를 주는 것이 바람직하다고 생각한다.

어찌 됐든 '헬리콥터 맘'에 대해서는 사회도 국가도 그 책임이 있다고 본다. 이 사회의 가장 큰 화두, '청년실업', 극심한 취업난 속에서 부모로서 뭔가 해주어야 한다는 부담도 크지만 그래도 생각해볼 문제임은 틀림없다. 스스로 해결하며 사회에 적응할 수 있도록 옆에서 도와주고 지속적인 관심과 배려를 아끼지 않아야 할 것이다.

요즈음 젊은이들은 개인별로는 아주 빼어나다. 또한 개성들도 너무 강하다. 그러나 어떤 상황에서의 대처능력이나 현실적응력에 대해서는 한계가 있다고들 한다. 따라서 이러한 문제는 국가가 장기적인 안목을 가지고 신중하게 정책적으로 접근해야 할 사안이다.

최근 한 지방자치단체의 무상급식 폐지와 관련해서 여러 가지 말들이 많았었다. 국가가 책임져야 할 보육이나 교육문제가 중앙정부와 지방정부, 국민을 볼모로 하여 여당과 야당 간에 정략이나 당리당략에 이용되는 일은 그리 좋은 모양새는 아닌 것 같다. 그리고 말로만 하는 그런 생색내기는 없어져야 한다.

그 대표적인 정책이 출산장려정책이 아닌가 한다. 정말 말로만 하지 말고 현실적이고 실질적인 새 정부의 맞춤정책을 기대해본다.

우리가 살고 있는 이 세상은 너무 쉽게, 너무 빠르게 변하고 있다. 10년이면 강산도 변한다는 말은 잊혀진 지 오래고 자고나면, 아니 매순간마다 변하고 있어 종잡을 수조차 없다.

이런 세상에서 도태되지 아니하고 살아남기 위해서는 오직 스스로 절차탁마切磋琢磨, 그 길을 가야 한다. 앞으로의 세상은 더 힘들고, 더 복잡하고, 더 위험할 것이다. 마음이 닫힌 사람은 그 누가 도와주려고 해도 소용없는 일이다. 우리 모두의 마음의 문, 이 세상의 모든 문들도 열기 위해 닫는 것이다.

이제 우리는 내가 아닌 그 누군가를 위해 가슴속에 품고 있는 잉걸불을 밝혀 들고 닫힌 문을 열 수 있도록 해야 할 것이다. 이러한 복잡하고도 복잡한 세상을 살아가면서 한 번쯤은 자등명이라는 주관적인 관점과 법등명이라는 규범적인 관점에서 다시 한 번 생각해볼 때인 것 같다.

잡초雜草

시골에 오래된 자그만 집이 한 채 있다.

근 50여 년을 지켜온 집이지만 벌써 5년째 비어있다.

앞뒤로 텃밭도 있고 잘 가꾸어진 정원에는 온갖 꽃들이 피어나고 마당 한편에 정말 예쁜 재래종 동백나무가 떡하니 자리를 잡고 있는 동네 한가운데 나지막한 집이다.

유난히 꽃을 좋아하셨던 어머님은 불편하신 몸으로 무, 배추는 물론 상추며 마늘 등을 심으셨고 영산홍과 철쭉, 꽝꽝이나무 등을 가지런히 손질하셨던 터라 어쩌다 한 번쯤 내려가면 포근히 안기는 것 같은 느낌과 오랜 추억이 오롯이 살아있는 집이다.

정정하셨는데 홀연히 가시고 난 후 주위사람들은 집을 오래 비워두면 금방 폐가가 된다면서 적당한 사람이 나타나면 팔 것을 권하였지만 막상 팔자니 서운하기도 하였고, 뭔가 아련한 그리움이 남아있어 미루다 보니 지금까지 빈집으로 남겨두게 되었다.

처음에는 아이들과 같이 가서 청소도 하고, 텃밭도 정리하고 하루쯤 자고 오는 때도 있었으나 그도 몇 해 지나고 나니 일 년에 한두 번 가는 것도 쉽지 않았다.

사람이 살지 않은 집은 대문을 들어서면 어쩐지 허전하고 횅한 느낌이 먼저 든다. 그런가 하면 앞뒤 텃밭은 물론이고 대문 입구에서부터 마당의 콘크리트 틈새까지, 온통 잡초가 정글을 이루고 있어 어쩌다 한번 내려가면 그저 말문이 절로 막히고 만다.

잡초란 일반적으로 가꾸지 않아도 저절로 나서 자라는 여러 가지 풀이다. 이러한 잡초의 탁월한 생존전략은 아마도 끈질기다는 것과 때와 장소를 가리지 않는 것일 것이다. 한 마디로 자기의 생존방식에 따라 척박한 현실을 묵묵히 감내하면서 살아간다.

농부, 아니 이를 제거해야 하는 사람들의 입장에서 보면 참으로 귀찮고 까다로운 존재로만 생각되겠지만 잡초에게는 생존의 문제라면 너무 비약된 얘기일까? 아무리 밟고, 꺾어내고, 뽑아내도 꿋꿋하게 일어서는 것이 잡초다. 바로 그런 생명력이 살아있는 한 메마른 땅에서 버텨가며 꽃을 피우고 열매를 맺는 것은 당연한 일이다. 그야말로 누구도 거역할 수 없는 대자연의 섭리이기 때문일 것이다.

사실 많은 잡초들은 유용한 약초가 되고 음식이 되기도 하지만 그 효용가치가 그리 알려지지 않은 풀들이다. 그렇다고 잡초를 우습게 볼 일만은 아닌 것 같다. 집을 비운 첫해에 잡초를 없애기 위해 발아억제제, 제초제를 사들고 아이들과 내려갔었고, 다음 해에는 아내와 열흘 정도 머물며 씨름도 하였지만 역시 마찬가지였다. 지난해는 연초에 내려가 입제로 된 발아억제제를 뿌리고 또 물에 희석시킨 제초제까지 진하게 살포하였기에 이번에는 어떠할까 궁금해하면서 4월에 다시 내려갔다.

대문을 열고 들어서자마자 텃밭부터 확인에 나섰다. 아직 철이 빨라서인지 크게 자란 풀은 없었으나 파랗게 올라오는 어린 새싹들을 보고는 또 한 번 놀라고 말았다.

아, 여름이 지나고 나서 다시 제거작업을 해야 할 생각을 하니 조금은 답답해졌다. 아마도 잡초는 내가 멀리 살고 있고 또 아주 게으르다는 것을 알고 있는 것 같다. 연초에 한번 정도 제초제나 뿌려주고 할 일을 다한 것처럼 내버려두니 봄에는 보란 듯이 새싹들이 나온다. 그런 풀들은 강하다.

이런 잡초를 사람들에 비유하는 경우도 많이 있다. 물론 나쁜 의미로 얘기하는 경우도 있지만 그러나 좋은 의미로 나타내곤 한다. 논둑이나 밭둑, 길가 아무데서나 자라면서 농작물의 영양분을 빼앗아가기 때문에 농부들의 눈총을 받는 잡초처럼 사람의 경우도 하찮고 보잘것없는 삶, 소위 잡초 같은 인생을 살아온 사람들을 우리 주위에서 더러 볼 수 있다.

그러나 잡초처럼 살아오면서도 수많은 역경을 이겨내고 마침내 목표를 이루어낸 사람들도 많다. 많은 고난 속에서도 포기하지 아니하는 의지, 지금 안 되면 다음을 기대하면서 새로운 씨를 뿌리고 스스로를 증명하기 위해 밟히고 밟혀도 다시 일어서는 그런 사람들에게 비난이나 조롱할 생각은 없다. 오히려 찬사를 보내야 할 것이다.

세상살이가 힘들어질수록 더욱 그렇다. 아마도 세상이 잡초근성을 가르쳐주고 있다는 생각이 든다. 우리가 사는 지금 세상은 내가 좋아하지 않거나 필요 없다고 생각하면 잡초로 생각하고 없애려고만 혈안이 된다.

내가 잡초라고 여긴 풀이 다른 사람들에게는 소중한 꽃일 수도 있다는 것을 알아차리면 될 터인데도 이 세상은 전혀 그렇지 못하다. 그저 자기의 편협한 기준에 따라 그냥 잡초라고 치부하고 무시해버리고 만다. 이 세상에 돈 없고 힘없고 이름도 없는 보통 사람들, 그런 다수의 그들을 우리는 민초라고 한다. 민초란 백성을 질긴 생명력을 가진 잡초에 비유하여 이르는 말이다. 이 세상에 소중하지 아니한 생명은 없다.

이름 없는 잡초처럼 사는 것은 어떨까?

고스란히 자기의 색을 지니고, 그러면서도 수수한 향기로 주어진 삶을 사는 잡초도, 또한 우리 인간도 자연의 일부분인 것이다.

쓸모없다고 여기는 잡초에서 민초를 되새겨보며 언제일지는 모르지만 잡초가 꽃을 피워 소박한 풀꽃이 되기를 기다려본다.

저 풀꽃, 어! 자세히 보니 정말 예쁘네. 오래오래 보니 더 사랑스럽네. 조금은 억지스럽지만, 엄밀한 의미에서 본다면 잡초는 없다.

밀밭에서 보리가 나오면 그건 잡초고 보리밭에서 밀이 나오면 그 또한 잡초가 될 것이다. 잡초란 사람들의 기준에 따라 일방적으로, 일시적으로 그냥 분류한 것일 뿐이다.

그동안 오직 사람들의 입장에서 선악과 아름답고 추한 것으로만 판단하여 없애려고 하였으니 잡초의 입장에서 본다면 조금은 억울할 것이다. 잡초가 억울하다고 할지 모르지만 잡초는 뽑아주어야 한다. 다른 작물에게 피해가 가서는 안 되기 때문이다.

그런 잡초는 손으로 뽑으면 되지만 사람 사는 세상에서 정말 있어서는 안 될 사람들은 어떻게 해야 할까? 대답하기 어려운 물음이다. 그게 어디 쉬운 일인가? 우리가 사는 이 세상, 복잡하고 어렵고 힘들다. 이름 모를 풀이거나 사람이거나 잡초라고 무시하고 함부로 짓밟지는 말자. 다들 제 나름대로의 삶이 있을 테니까?

매일 매일의 삶이 전쟁터 같지만 그래도 뒤돌아보고 관심과 배려하는 마음으로 살아갔으면 하는 작은 바람을 가져본다.

주자십회훈朱子十悔訓

내가 중학교 1학년 때였다. 시골 초등학교를 졸업한 열세 살짜리 촌뜨기는 광주光州에 있는 중학교에 진학하게 되면서 대학교를 다니고 있던 막내 외삼촌과 함께 먼 사돈이 되는 댁에 하숙생이 되었다. 그 집은 아들 4형제와 또 다른 하숙생인 대학생 형과 가정부 누나랑 모두 10명의 대식구였다.

법원 앞에서 사법서사(현, 법무사)를 하셨던 어르신은 엄격하신 탓에 어렵고, 외삼촌은 괜히 무섭고, 다른 사람들과는 처음인지라 조금은 어색하였으나 다섯 살쯤 위였다고 생각되는 가정부 누나만이 어린 내가 안쓰러웠던지 관심을 가져주었고 도시락도 살뜰히 챙겨주어 그런대로 위안을 삼아 처음으로 부모님 곁을 떠난 나의 중학교 1학년의 하숙생활은 이렇게 시작되었다.

지붕이 조금은 낮아 보였지만 방이 5개나 되는 아담한 기와집이었다. 넓지 아니한 마당에는 붉은 벽돌을 비스듬하게 세워 경계를 그어 놓은 화단이 있었고, 그 옆에는 마중물을 부어 물을 끌어올렸던 '뽐뿌'(펌프)와 간단한 세면시설이 있었던 추억 속의 그 집은 지금은 어떻게 변했을까?

많은 식구들은 아침마다 하나뿐인 화장실, 세숫대야마저 하나밖에 없었어도 전혀 불편해하지 않았으며, 모두들 서로 이해하고 다독이며 평온한 날들이 계속되어 나 또한 생소한 도시에서의 학교생활도 차츰 익숙해져 가게 되었다.

보름쯤 지났을까? 아니면 한 달쯤 되었을까?

학교 갈 준비를 위해 방으로 들어가던 나를 어르신께서 한 살 아래인 초등학교 6학년이던 막내아들과 함께 불러 세우시고는 안방 문 옆 거울과 나란히 붙여져 있던 '주자십회훈'을 가리키시면서 매일 아침 세수를 하고 큰소리로 한 번씩 읽고 들어가서 식사를 하라는 엄명을 내리셨다. 관심이 없었던지 아니면 갑작스러운 환경 변화에 겨를이 없었던지 사실 나는 거울 옆에 그것이 붙어 있는지 몰랐었던 것 같다. 무슨 말인 줄도 몰랐고, 처음 보는 글이라 외울 수도 없었지만 막내아들과 둘이서 함께 큰소리로 읽고서 아침식사를 했었다. 이 일로 인해 '주자십회훈'과 나와의 처음 인연이 시작되었다. 그땐 '주자'가 누구인지도 모르고 뜻도 모르면서 녹음기 틀듯 잘도 외워대고 있었다.

'불효부모사후회不孝父母死後悔', '불친가족소후회不親家族疎後悔'…

그 집에서의 하숙생활은 중학교 2학년이 되면서 끝이 났다.

외삼촌이 외할머니의 걱정 속에 입대를 하고 난 뒤, 나는 당숙모 댁으로 옮겨 육촌형, 동생들 틈에 끼어 다다미방 한쪽에 앉은뱅이 책상 하나를 놓을 수 있었다. 사실 나는 하숙집 생활도 익숙해지고 또 학교도 가까웠기 때문에 당숙모댁으로 가고 싶지 않았지만 옮길 수밖에 없었다. 그러나 한 달에 쌀 두 말씩이던 하숙비가 조금은 부담이 되었던 것을 알게 된 것은 그리 오래지 않아서였다. 비록 넉넉하지도 않았고, 여러 가지로 불편하였음에도 당숙모댁에서의 5년여 생활은 내 인생의 바탕을 다져갈 수 있었던 중요한 계기가 되었으며, 어린 나를 친자식처럼 돌봐주셨던, 오래전에 돌아가신 당숙모님의 인자하신 미소를 생각하며 감사한 마음을 내내 간직하고 있다.

그리고 많은 세월이 지나 제대도 하고, 취직도 하고, 결혼도 하여 아이도 생기고 넉넉하지는 않았지만 그런대로의 생활에 안주하고 있었던 어느 날, 시장통에서 거울 등을 팔고 있는 가게 옆을 지나다가 우연히 조잡한 액자에 들어 있는 '주자십회훈'을 발견하고는 불현듯 오래전 일들이 주마등처럼 스쳐오기 시작했다. 길을 걸어가면서 아스라한 기억을 더듬어가며 속으로 한번 되새겨보았다. 사람의 기억력이 그처럼 대단한 것인지, 아니면 어렸을 때부터 내 마음 깊숙이 자리 잡고 있었던 것인지는 몰라도 어렵지 않게 열 가지를 생각해낼 수 있다는 것에 놀라면서 조금은 마음을 들뜨게 했던 적이 있었다.

내 나이가 오십이 넘고, 직장에서도 간부가 되었을 때의 어느 겨울이었다. 새내기 직원이면서도 당차고 모든 일에 적극적이던 여직원이 내 방으로 들어와 조심스럽게 말을 꺼냈다.

"제가 얼마 있지 않아 결혼을 합니다."

"그래, 축하해, 신랑 되는 사람은 뭐하는 사람인가?"

몇 마디를 자연스럽게 물었었는데, 불쑥 주례를 부탁하여 순간 가슴이 철렁했었다. 그렇다고 거절을 할 수도 없어 대답은 하였는데 처음인지라 여간 부담이 되는 것이 아니었다.

갑자기 머리가 멍해 왔다. 지인의 결혼식 때 참석은 하였으면서도 주례의 인사말들은 그냥 지나쳐버렸고 별 관심도 없었으니 답답할 수밖에 없었다. 며칠을 끙끙대다가 어렵게 생각해낸 것이 바로 '주자십회훈'이었다. 다행이랄까? 아니면 많은 준비 덕인지 모르지만 나의 처음 주례는 잘 마쳤고 지금까지 10여 차례의 주례에서 몇 번을 인용하였으며 앞으로 기회가 있다면 그리 하리라 생각하고 있다.

송나라의 대학자인 '주자'가 후세 사람을 경계하기 위하여 사람이 일생을 살아가면서 하기 쉬운 후회 가운데 가장 중요하다고 여긴 10가지를 가려 뽑아 제시한 것으로 이를 '주자'의 열 가지 후회라 하여 '주자십회훈'이라고 한다. 모든 일에는 항상 때가 있고 때를 놓치면 뉘우쳐도 소용없음을 강조한 말임을 모르는 바는 아니지만, 지금에 와서 생각해보면 모두가 맞는 말이기는 하나 12세기와 21세기를 그냥 단순비교는 할 수 없을 것 같아 내 자식들에게도 한 번쯤은 일러두고 싶어도 망설여지는 것인지도 모른다. 그럼에도 다른 것은 몰라도 '소불근학노후회少不勤學老後悔'라는 구절만은 꼭 말해주고 싶으니 이는 지금껏 나 자신이 가장 후회했던 일이라서 그럴 것이리라.

지금의 우리 아이들이 자신을 지키려 하고, 스스로를 자중하려 하고, 옛 것을 소중히 하며, 현재에 충실하고 미래를 대비하는 마음으로 멋지고, 행복하게 살았으면 하는 것이 조그만 바람이라면, 이는 비단 나만의 욕심은 아니라는 생각에 새로운 마음가짐으로 '주자십회훈'을 되새기며 오늘을 살아가고 있다.

後記

오랜 시간을 함께 하였지만 2017년 한 해처럼 글을 써오면서 보람되고 뿌듯한 때는 없었던 것 같다. 수많은 시간들을 강의실에서 같이 했고, 성내동과 서울대 입구를 오가며 차곡차곡 쌓아온 숱한 사연들이 있었다. 때로는 술잔을 마주하고 허접하게 살아온 삶을, 내면의 아픔을, 우리들의 내일을, 글을 써보고자 하는 마음을, 그리고 다 태우지 못한 문학에 대한 열정을 토로하였던 그 많은 시간들이 있었기에 늦었지만 조그만 책으로 묶어낼 수 있었던 것 같다.

비록 화려하지도, 뛰어나지도 않지만 많은 사람들에게 우리들의 한 단면을 내보이게 되어 참으로 기쁘고 뿌듯하다.

그러나 여기에서 그치지 아니하고 더 치열한 마음으로 문인의 길을 가고자 한다. 단 한 줄이라도 가슴에 와닿는 진솔한 글을 쓰고 싶다.

많이 부족한 우리의 글들을 잘 정리하여 예쁘게 만들어 주신 한누리미디어 김재엽 사장님, 대한예절연구원 김명식 원장님, 아트기획 이희숙 대표님, 편집을 맡아주신 문정현 님께 감사의 마음을 전한다.

2017년 12월 25일

楸亭，珵山

珵山! 평생 우의를 나눈 세월이 행복일세.

조금 있으면 저녁노을이 붉게 타겠지?

楸亭! 시 한수, 술 한잔 나누며 쉬엄쉬엄 가세나.

하늘집 사랑채

지은이 / 김창운 · 이 헌
발행인 / 김영란
발행처 / 한누리미디어
디자인 / 문정현
•
08303 서울시 구로구 구로중앙로18길 40, 2층(구로동)
전화 / (02) 379-4514
Fax / (02) 379-4516
E-mail. hannury2003@hanmail.net
•
신고번호 / 제 25100-2016-000025 호
신고연월일 / 2016. 4. 11
등록일 / 1993. 11. 4
•
초판발행일 / 2018년 1월 3일
•

•
값 12,000원
•

•
ISBN 978-89-7969-767-4 03810